D1728666

Schrader-Motor-Chronik

NSU-MOTORRÄDER
1947–59

Gespannfahrer des NSU-Teams bei der Internationalen Sechstagefahrt 1955. Als einzige brachten sie ihre 250er strafpunktfrei ins Ziel! NSU war das erfolgreichste deutsche Fabrikat.

Schrader-Motor-Chronik

NSU-MOTORRÄDER
1947–59

Eine Dokumentation von Stefan Knittel

Schrader Automobil-Bücher Handelsgesellschaft mbH München

Diese Ausgabe der Schrader-Motor-Chronik ist den NSU-Motorrädern der frühen Nachkriegszeit gewidmet. Schon Ende 1945 wurden in Neckarsulm die ersten Quick-Motorfahrräder nach Baumuster 1939 gebaut, und dieses Leichtmotorrad blieb bis weit in die fünfziger Jahre hinein sehr populär. Gleichwohl behandelt Stefan Knittel hier nur die größeren Modelle von der 125 ZDB bzw. Fox aufwärts; es würde den Rahmen sprengen, wenn die gesamte Zweiradproduktion des Hauses NSU in einem einzigen SMC-Band Berücksichtigung finden sollte. So beginnt die Story hier mit den ab 1947 wieder gebauten Modellen 125 ZDB und 251 OSL und endet mit der Maxi, die es bis 1959 gab. Das hier wiedergegebene Material aus der Presse- und Werbeabteilung der damaligen Firma NSU stellte uns das WK-Archiv zur Verfügung, wofür Klaus Vollmar herzlich gedankt sei.

Halwart Schrader
Herausgeber

Copyright Schrader Automobil-Bücher 1987
Frauenstraße 32, D-8000 München 5
Nachdruck, auch auszugsweise, nur mit
ausdrücklicher Genehmigung des Verlages
Dokumentation: Stefan Knittel
Gestaltung: Sonja Anderle
Satz und Druck: Courier Druckhaus, Ingolstadt
ISBN 3-922617-32-8
Printed in Germany

*NSU Geländemax 1958.
Etliche Bauteile sind
höhergelegt.*

Inhalt

Traditionsfirma von Weltruf: NSU

Die Neckarsulmer Strickmaschinenfabrik des Christian Schmidt begann in den achtziger Jahren des vorigen Jahrhunderts mit dem Fahrradbau. Die „Drahtesel" erlebten einen Boom, vergleichbar mit der heutigen Situation, denn damals wie heute galt das Radfahren als besonders sportliche Betätigung. Einige Jahre später tauchten dann die ersten Vorschläge zur Motorisierung dieser leichten Fahrzeuge auf, und die Fahrradfabriken in ganz Europa waren schnell für die neue Idee zu begeistern. Im Jahre 1901 wurde das erste serienmäßige „Neckarsulmer Motorrad", ausgerüstet mit einem schweizerischen Zedel-Motor, vorgestellt.

Zwei Jahre später begann NSU (ein Name, zusammengesetzt aus Neckar und Sulm, den beiden Flüssen, an dessen Mündung das Städtchen Neckarsulm liegt) selbst mit der Motorenproduktion. 1904 gab es bereits sechs verschiedene Modelle zwischen 287 und 960 ccm Hubraum. Fortschrittliche Konstruktionen, eine große Angebotspalette und zahlreiche Sporteinsätze sorgten für eine rasche Verbreitung der NSU-Motorräder, bis 1911 waren es bereits 24 000 Exemplare. Zu dieser Zeit hatte die Popularität des Motorrads in Deutschland allerdings nachgelassen; von den bedeutenden Unternehmen gelang es nur NSU und Wanderer, die Produktion aufrechtzuerhalten, denn beide wiesen einen hohen Exportanteil auf. NSU-Motorräder zählten auch in England und in den USA zu den bekanntesten Fabrikaten. Das Produktionsprogramm umfaßte weiterhin Fahrräder und seit 1906 auch Automobile.

In den zwanziger Jahren durchlebte das Motorradgeschäft wieder einen rasanten Aufschwung, die Zeiten der Massenmotorisierung brachen an. Es waren aber billige Leichtmotorräder gefragt, weshalb NSU zunächst etwas ins Hintertreffen geriet. Die soliden Blockmodelle des neuen Konstrukteurs Otto Reitz brachten jedoch ab 1927 auch für NSU wieder die erhofften Erfolge. Die

dreißiger Jahre waren geprägt von der Handschrift des englischen Chefkonstrukteurs Walter William Moore: Schnelle Rennmaschinen und moderne Viertaktmotoren in allen Hubraumklassen bestimmten das NSU-Programm. Aber es gab auch einfache Leichtmotorräder: Die Modelle Motosulm, Pony und Quick liefen in enormen Stückzahlen vom Band und sorgten schließlich für die Gesundung des seit Ende der zwanziger Jahre finanziell angeschlagenen Unternehmens. NSU kehrte nun auch von den Produktionszahlen her wieder in den Kreis der größten deutschen Motorradhersteller zurück.

Mit einer Zweizylinder-Kompressormaschine wollte man BMW, dem großen Rivalen in der Viertaktbranche, im internationalen Renngeschehen Paroli bieten, doch setzte der Krieg allen diesbezüglichen Hoffnungen ein abruptes Ende. Im Behördenauftrag wurden auch weiterhin Motorräder gebaut, vor allem die Modelle 251 OSL und 601 OSL für die Wehrmacht, aber branchenfremde Militäraufträge bestimmten bald den Großteil der Aktivitäten. Als eindeutiges Ziel alliierter Bomberverbände wurden die NSU-Werksanlagen mehrmals schwer beschädigt. Nach langwierigen Aufräumarbeiten gelang es noch vor Ende des Jahres 1945, aus lagernden Teilen 98 Quick-Motorfahrräder aufzubauen...

Im darauffolgenden Jahr wurden abermals 566 Quick montiert, trotzdem blieb jedoch das weitere Schicksal der Firma ungewiß. Von der alliierten Verwaltung waren unzählige Vorschriften und Auflagen für das Leben im Nachkriegsdeutschland erlassen worden: Für Motorräder aus heimischer Produktion sollte künftig ein Hubraumlimit von 60 ccm gelten. Die Verwertung von Restteilen für die Montage von Vorkriegsmodellen blieb vorerst erlaubt, Neuentwicklungen hatten jedoch den künftigen Vorschriften zu entsprechen. Albert Roder, nach einem Victoria-Intermezzo 1939–46 als Chefkonstrukteur zu NSU zurückgekehrt, schloß von vornherein die

Verwendung eines kleinen Zweitaktmotors in dieser Hubraumklasse aus, da dieser maximal auf eine Dauerleistung von 2½ PS zu bringen wäre, und dies auch nur auf Kosten eines hohen Verbrauchs und mangelnder Durchzugskraft. Es sollte deshalb ein einfach aufgebauter, aber mit fortschrittlichen Ideen ausgestatteter kleiner Viertakter entwickelt werden.

Die behördlichen Bestimmungen wurden aber schon im Laufe des Jahres 1947 wieder gelockert. Als Hubraumgrenze galten jetzt 250 ccm. Somit konnte man in Neckarsulm nun schon früher als gedacht wieder eine richtiggehende Motorradproduktion einrichten und nahm zwei weitere Vorkriegsmodelle ins Programm. Nach diesem Muster verfuhren auch Horex, Zündapp und BMW.

Die NSU 125 ZDB war erst 1939 vorgestellt worden; der Flachkolben-Zweitakter mit Umkehrspülung zählte mit seinen 5 PS zur Generation der modernen Achtellitermaschinen, die mit ihren Blockmotoren nach dem Vorbild der kleinen DKW RT entwickelt worden waren. Ein geschlossener Rohrrahmen und die Preßblech-Trapezgabel stellten die Standardbauweise dieser Jahre dar.

Die zweite Neuauflage betraf die gute alte 251 OSL, ein Modell, das bereits 1933 Premiere gefeiert hatte. Der im typisch englischen Stil konzipierte ohv-Einzylinder wies ein einzelnes Stoßstangenhüllrohr auf und erweckte dadurch den Eindruck eines Königswellenmotors. Das Schmieröl war vorne am Kurbelgehäuse in einem separaten Abteil untergebracht, das Vierganggetriebe vom Motor getrennt und von einer im Alu-Kettenkasten laufenden Primärkette angetrieben. Das 10-PS-Motorrad war sehr beliebt gewesen und hatte sich vor allem durch seinen geringen Kraftstoffverbrauch einen guten Namen verschafft. Auf diese Reputation vertrauend, nahm man bei NSU die Produktion dieses Modells wieder auf. Die NSU-Jahresproduktion von 1948 stieg bereits auf

9270 Motorräder an, aber das sollte nur ein bescheidener Anfang sein für das, was nun folgte. Am 22. Mai 1948 öffnete die Technische Exportmesse in Hannover ihre Pforten, und NSU hatte als große Überraschung ein völlig neu entwickeltes Motorrad der 100-ccm-Klasse auf dem Ausstellungsstand. Der kleine ohv-Viertaktmotor war aus Albert Roders ursprünglichem 60-ccm-Konzept entstanden; er wies als große Besonderheiten eine nur einseitig gelagerte Stirnkurbelwelle und eine pumpenlose Schmierung auf. Letztere wurde durch die Schleuderwirkung des Kurbelzapfens ermöglicht, der in eine schmale Blechschale am Kurbelhausboden eintauchte, diese wurde über eine Dosierbohrung aus der Ölwanne gefüllt. Der hochbelastete Kurbelzapfen bekam das Öl

NSU-Werbepostkarte 1939. Die kleine Quick kostete damals 290 Reichsmark.

zuerst, dann wurde es an die Zylinderwandung geschleudert, und der aufsteigende Öldunst reichte für das Kipphebelgehäuse aus. Über schrägverzahnte Zahnräder wurde das Dreigang-Blockgetriebe angesteuert. Es gab noch weitere Neuerungen: Als erstes deutsches Motorrad seit der alten V-Zweizylinder-NSU der frühen zwanziger Jahre wies die Maschine wieder eine Hinterradschwinge auf. Ähnlich wie damals verwendete man auch jetzt eine zentrale Druckfeder unter dem Sattel. Das Vorderrad lief in einer Kurzhebelschwinge. Der Rahmen bestand aus einer aus Preßstahlblechen verschweißten Rückgrat-Schalenkonstruktion, in die der Motor von unten eingehängt wurde. Die Schwingen bestanden ebenfalls aus Preßstahlblech. Mit einer Motorleistung von 6 PS und einer Höchstgeschwindigkeit von 80 km/h erzielte man annähernd die Werte von Maschinen mit doppelt so großem Hubraum.

Das Motorrad bekam den Namen NSU Fox und wurde bald Gegenstand einer breitangelegten Werbekampagne mit dem einprägsamen Slogan „Fixe Fahrer fahren Fox". Der NSU-Presse- und -Werbechef Arthur Westrup begann damit ein bis heute unerreichtes Publicity-Programm, das für viele Jahre untrennbar mit dem Weltruf der NSU-Erzeugnisse verbunden bleiben sollte. Als erste eindrucksvolle Aktion bewegten die Werksrennfahrer Heiner Fleischmann, Hermann Böhm (ein Schwergewicht), Wilhelm Herz und der Versuchs-Mitarbeiter Dollmann im Sommer 1948 vier Föxe über 1500 km Paßstraßen in der Schweiz. Bei Produktionsbeginn ein Jahr später gab es dann enorme Wartelisten ungeduldiger Motorradkäufer.

Der sportlichen Viertakt-Fox wurde im Laufe des Jahres 1950 ein zweites Modell mit 125-ccm-Zweitaktmotor zur Seite gestellt, dessen neues Vierganggetriebe aber auch beim Viertaktmodell zum Einsatz kam. Als Ablösung der 125 ZDB wies die Zweitakt-Fox auch wieder 5 PS auf,

glänzte jedoch mit dem modernen Preßblech-Schwingenfahrgestell. Der große Verkaufserfolg brachte nun die finanziellen Voraussetzungen für weitere Neuentwicklungen und Programmerweiterungen. Im Modelljahr 1951 erschien das Einstiegsmodell Quick mit tieferem Rahmen und verbesserter Ausstattung, doch die Karriere des großen NSU-Bestsellers (über 200 000 Exemplare seit 1936) neigte sich ihrem Ende zu. Als preiswerte motorisierte Gebrauchsfahrzeuge rückten mehr und mehr der später „Prima" genannte, in mehreren Modellen erhältliche NSU-Lambretta-Roller und das 50-ccm-Moped Quickly an seine Stelle.

BMW und Zündapp waren 1950 wieder mit ihren großen Viertaktern (500 und 600 ccm) auf den Markt zurückgekehrt, und die Horex Regina beherrschte die 350-ccm-Klasse. Alles wartete jetzt auf die entsprechenden Angebote im NSU-Programm. Als Konsul I und Konsul II stellte man schließlich die überarbeiteten Nachfolger der letzten Vorkriegs-Einzylinder mit 350 und 500 ccm vor, es gab nach wie vor getrennte Vierganggetriebe, an Königswellenmotoren erinnernde Stoßstangenaggregate mit Aluminium-Zylinderkopf und Trockensumpfschmierung. Bei den Leistungsangaben von 18 und 22 PS hatte sich seit 1936 auch nichts geändert. Neu hinzu kamen jedoch eine öldruckgedämpfte Teleskop-Vordergabel und eine verstellbare Geradweg-Hinterradfederung, beide lieferte die Firma Kronprinz. Die 350er-Konsul hatte gegenüber der sportlichen Horex Regina einen schweren Stand, die 500er jedoch besaß gegenüber der einzigen anderen deutschen Halblitermaschine, der BMW R 51/3, sowie den englischen Konkurrenten einen erheblichen Preisvorteil: Sie kostete nur 2450 Mark gegenüber 3050 Mark, die man für die BMW bezahlen mußte. Aber auch sie führte eher ein Außenseiterdasein im Angebot. Immerhin erwies sich im Vorstellungsjahr der Konsul, 1951, eine 500-ccm-NSU als das schnellste

Noch 1959 bezeichnete sich NSU als das einzige Zweiradwerk des Kontinents, das im Jahr 1959 auf ein komplettes Zweiradfertigungsprogramm von 50 ccm aufwärts bis zur 250-ccm-Klasse verweisen konnte. Von der guten kleinen Quickly über die bekannte Prima-Rollerfamilie bis zur 175-ccm-Maxi und zur berühmten 250-ccm-Supermax war alles vertreten, was in Deutschland und auf dem Auslandsmarkt Rang und Namen hatte. Hier sieht man Max-Motoren am laufenden Band, die auf dem sogenannten „Karussell" fertigmontiert werden.

Motorrad der Welt: Wilhelm Herz fuhr am 12. April auf der Autobahn München–Ingolstadt mit 290 km/h einen neuen absoluten Weltrekord. Sein Motorrad war dabei eine Zweizylinder-Kompressor-Rennmaschine aus den Vorkriegsjahren.

Im Sommer 1951 gab es dann eine weitere Neuheit zu vermelden: die NSU Lux. Man konnte sie auf den ersten Blick für eine vergrößerte Zweitakt-Fox halten, jedoch handelte es sich um eine komplette Neuentwicklung.

Der 200-ccm-Zweitaktmotor wies einen massiven Motorblock auf, der das Vierganggetriebe, die Mehrscheiben-Ölbadkupplung und elektrische Anlage mit Gleichstromlichtmaschine und Batteriezündung beherbergte. Der Preßblech-Schalenrahmen war weiterentwickelt worden, er schloß nun das Fahrzeugheck mit Schutzblech und Soziusplatz mit ein, Vorder- und Hinterradfederung bekamen hydraulische Dämpfer; weit heruntergezogene Schutzbleche und ein geschlossener Ketten-

Wette nach englischer Art: Wer kommt zuerst von der City zum Flughafen? Der Cadillac war natürlich der Verlierer, während die NSU-Zweiräder die Wette gewannen.

kasten vervollständigten die Ausstattung. Mit 8,6 PS und einer Spitzengeschwindigkeit von 90 bis 95 km/h war die Lux als braves, standfestes Alltagsmotorrad ausgelegt. Die sportlich orientierte Kundschaft wartete indessen noch immer auf eine vergrößerte und modernisierte Ausgabe der Viertakt-Fox . . .

Nach einem weiteren Jahr war es dann fast soweit: In der Fachpresse wurde ein Vorserienmodell der kommenden neuen Viertakt-NSU präsentiert, die 250er „Max". Fahrgestell und Motorblock waren identisch mit der Lux, zumindest was Primärtrieb, Kupplung und Getriebe betraf. Aber der neue Slogan hieß ja „NSU Max, ein Motorrad wie noch nie", also gab es wieder einige Besonderheiten. Der Zylinder sah zwar genauso aus wie bei der Fox, er barg jedoch eine völlig neuartige Ventilsteuerung. Die obenliegende Nockenwelle wurde mittels Schubstangen und Exzenterscheiben bewegt, eine Konstruktion, die starke Ähnlichkeit mit der Antriebshebelei einer

Dampflokomotive besaß. Die offizielle NSU-Bezeichnung dieser Bauart lautete „Ultramax"-Steuerung. Aus den ohnehin schon konkurrenzlosen 15 PS vom September 1952 wurden bis zum Serienanlauf Anfang 1953 offizielle 17 Pferdestärken bei 6500/min. Die Viertelliter-Konkurrenten standen zu dieser Zeit noch bei 12 PS.

In noch stärkerem Maße als zuvor entwickelte sich die NSU Max zu einem Verkaufsschlager. Später einmal hieß es sogar, daß Horex zeitweilig große Einbußen erlitten habe, denn auch die Regina-Käufer seien aufgrund der hohen Leistungsausbeute von dieser neuen 250-ccm-Maschine angesprochen gewesen. Ein übriges tat der fulminante Einsatz des neuformierten Werksrennteams, das 1953 als Newcomer im Grand-Prix-Geschehen die Vorherrschaft in den Klassen bis 125 und 250 ccm sofort an sich reißen konnte. Die Rennfox und Rennmax genannten Werksmaschinen hatten allerdings nichts mit den entsprechenden Serienmotorrädern zu tun, bei ihnen handelte es sich um spezielle dohc-Königswellen-Ein- und -Zweizylinder. Der Augsburger Werner Haas stieg zum deutschen Sportidol auf, als er 1953 beide Weltmeistertitel und im Jahr darauf erneut die 250er-Klasse gewann. In der Achtelliterklasse siegte 1954 Rupert Hollaus aus Österreich.

Aber NSU war nicht nur auf den Rennpisten Weltmeister geworden. Mit einer Jahresproduktion von 298 583 motorisierten Zweirädern (Mopeds und Roller eingerechnet) hatte man 1955 eine absolute Spitzenstellung in der weltweiten Motorradbranche erreicht, eine Position, die in den zwanziger und dreißiger Jahren DKW in Zschopau innegehabt hatte. Neuerliche Weltrekordfahrten im Jahre 1956 vervollständigten das überragende Image: 54 Einzelrekorde in den Klassen 50 bis 1000 ccm sowie ein neuer absoluter Geschwindigkeitsrekord mit 339,4 km/h kamen auf das NSU-Konto.

Die gewaltige Rekordflut überdeckte jedoch die in diesem Jahr bereits recht deutlich zutage getretenen Absatzprobleme. Auch NSU blieb keineswegs von der einsetzenden Motorradflaute verschont. Die Modellpflege ging nach dem Erscheinen der Max erst im September 1954 wieder weiter, als man die Motorleistung der Lux auf konkurrenzfähigere 11 PS anhob und ihr zusammen mit der Max neue Vollnabenbremsen verpaßte, wobei die Parallelogrammabstützung der vorderen Bremsankerplatte das bisherige Aufrichten der Schwinge beim Bremsen unterband. Ein Jahr später wurde die sechs Jahre alte Fox abgelöst: Das Modell Superfox wies einen auf 125 ccm verkleinerten Max-Motor mit der Ultramax-ohc-Steuerung auf: Die Leistungsausbeute betrug nunmehr 8,8 PS. Das Fahrwerk war ebenfalls von den größeren Modellen übernommen worden. Die Zweitakt-Fox strich man ersatzlos.

Für das Modelljahr 1957 erfolgten dann im September 1956 die letzten Modelländerungen. Das von der Presse schon lange geforderte und von einigen Edelbastlern in Eigenregie erstellte neue Fahrgestell für die Max befand sich jedoch nicht unter den Neuheiten. Statt dessen hatte man die Zentralfeder an der Hinterradschwinge zugunsten zweier am Rahmenheck angelenkter Federbeine aufgegeben. Weitere Feinarbeit kam dem Ansauggeräuschdämpfer, dem Schalldämpfer, dem Schmiersystem und dem Gasdrehgriff zugute. Die Leistungsangabe lautete nun offiziell auf 18 PS. Unter dem neuen Namen Supermax sollte diese NSU neue Kunden gewinnen, eine Aufgabe, für die auch die zur Maxi beförderte Superfox mit nunmehr 175 ccm Hubraum auserkoren war. Doch die Zeichen der Zeit wiesen in eine andere Richtung. Auf der Frankfurter IAA stellte NSU im September den „Prinz" vor, einen Kleinwagen mit 600-ccm-Zweizylinder-Heckmotor (und Ultramax-Ventilsteuerung). Der Wagen ging ab März 1958 in Produktion und hatte auf Anhieb Erfolg. Die weiterhin rückläufigen Motorradverkäufe bewogen die Geschäftsleitung 1959 zur endgültigen Produktionseinstellung von Maxi und Supermax, alle Einrichtungen und Werkzeuge wurden nach Jugoslawien verkauft. Mit der Firma Pretis in Sarajevo wurde eine Lizenzfertigung vereinbart, die jedoch nicht sehr lange aufrechterhalten blieb. In Deutschland konnte man NSU-Maschinen noch aus Lagerbeständen kaufen, während die Quickly-Mopeds und Prima-Roller noch einige Jahre weitergebaut wurden (Roller bis 1964, Quickly bis 1965). Es war später oft die Rede von verpaßten Chancen mangels rechtzeitiger technischer Weiterentwicklungen, und als die Firma NSU im Volkswagen-Audi-Konzern aufgegangen war, kamen auch des öfteren noch Gedanken an ein Motorrad-Comeback auf. In den siebziger Jahren wurden in dieser Richtung auch einige Studien ausgearbeitet, aber aus einer schweren Vierzylinder-NSU mit dem Motor aus dem VW Polo wurde dann doch nichts . . .

Fixe Fahrer fahren Fox

Das erste „richtige" Motorrad der NSU-Nachkriegspro-
duktion war die 125 ZDB, gefolgt von der 251 OSL. Doch
als echte Neukonstruktion kam 1949 die NSU Fox
auf den Markt, eine Viertakter mit 100 ccm Hubraum
und Hinterradschwinge. Eine 125er in Zweitaktbau-
weise folgte 1950. Die Viertakt-Fox gab es wie die
Zweitaktmaschine bis 1954.

Die gute alte NSU Quick war
auch kurz nach dem Kriege
wieder zu haben. Vielleicht
kein „richtiges" Motorrad,
aber mehr als ein Moped . . .

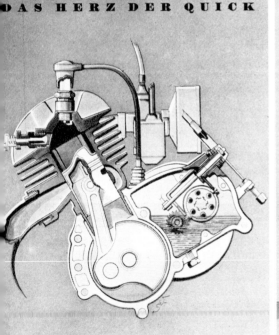

DAS HERZ DER QUICK

Quicklebendig am Werktag — Erquickend am Sonntag

Ein Motorfahrrad, seit 14 Jahren in seiner Grundkonstruktion unver-
ändert, heute aber mit all den vielen Erfahrungen ausgestattet,
die sich in 14 Jahren ergaben.
Kein Wunder, daß die NSU-Quick eine ausgefeilte, ausgereifte

Maschine ist, die nur Freude macht. Vergessen Sie bitte nich[t]
die NSU-Quick ist aus einem Guß. — Motor, Fahrgestell un[d]
Bremsen stammen aus einem Werk, aus den großen NSU-Werke[n]
in Neckarsulm.

1949

Ein früher Prospekt über die NSU Fox. Man schmiedete wieder Urlaubspläne, und das Motorrad stellte für viele das ideale Reisefahrzeug dar.

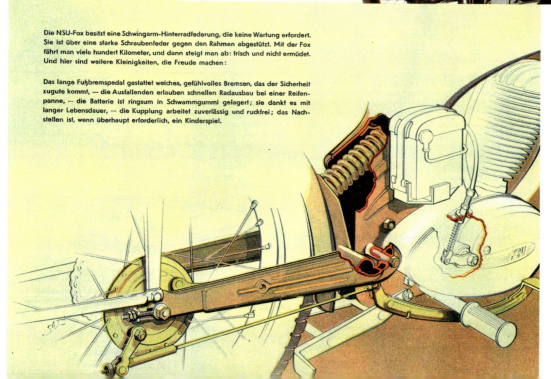

Die NSU-Fox besitzt eine Schwingarm-Hinterradfederung, die keine Wartung erfordert. Sie ist über eine starke Schraubenfeder gegen den Rahmen abgestützt. Mit der Fox fährt man viele hundert Kilometer, und dann steigt man ab: frisch und nicht ermüdet. Und hier sind weitere Kleinigkeiten, die Freude machen:

Das lange Fußbremspedal gestattet weiches, gefühlvolles Bremsen, das der Sicherheit zugute kommt, — die Ausfallenden erlauben schnellen Radausbau bei einer Reifenpanne, — die Batterie ist ringsum in Schwammgummi gelagert; sie dankt es mit langer Lebensdauer, — die Kupplung arbeitet zuverlässig und ruckfrei; das Nachstellen ist, wenn überhaupt erforderlich, ein Kinderspiel.

Die von Siegfried Werner gezeichneten technischen Darstellungen ließen an Klarheit nichts zu wünschen übrig.

13

Rechts: Die Aussage, daß es sich bei der NSU 125 ZDB um eine „schöne Maschine" handle, genügte 1949 durchaus. Auf hohe Geschwindigkeiten oder raffinierte Technik kam es noch nicht so sehr an. Und daß eine NSU grundsolide war, durfte als bekannt vorausgesetzt werden.

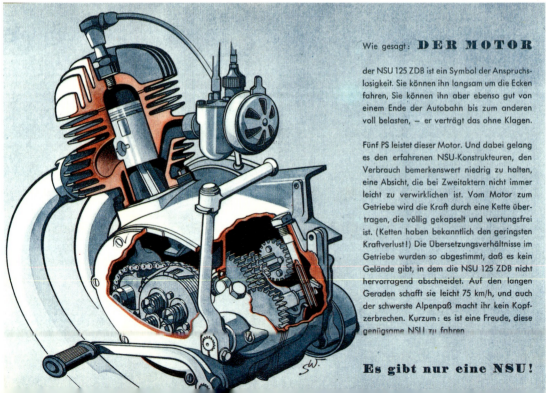

Wie gesagt: **DER MOTOR**

der NSU 125 ZDB ist ein Symbol der Anspruchslosigkeit. Sie können ihn langsam um die Ecken fahren, Sie können ihn aber ebenso gut von einem Ende der Autobahn bis zum anderen voll belasten, — er verträgt das ohne Klagen.

Fünf PS leistet dieser Motor. Und dabei gelang es den erfahrenen NSU-Konstrukteuren, den Verbrauch bemerkenswert niedrig zu halten, eine Absicht, die bei Zweitaktern nicht immer leicht zu verwirklichen ist. Vom Motor zum Getriebe wird die Kraft durch eine Kette übertragen, die völlig gekapselt und wartungsfrei ist. (Ketten haben bekanntlich den geringsten Kraftverlust!) Die Übersetzungsverhältnisse im Getriebe wurden so abgestimmt, daß es kein Gelände gibt, in dem die NSU 125 ZDB nicht hervorragend abschneidet. Auf den langen Geraden schafft sie leicht 75 km/h, und auch der schwerste Alpenpaß macht ihr kein Kopfzerbrechen. Kurzum: es ist eine Freude, diese genügsame NSU zu fahren.

Werner-Zeichnung: Schnittbild des 125-ZDB-Motors. Mit 5 PS kein Kraftpaket . . .

Es gibt nur eine NSU!

NSU 125 ZDB

Bei der Marktuntersuchung, die die EMNID Ende 1949/Anfang 1950 durchführte, ergab sich, daß NSU mit Abstand das populärste deutsche Motorrad ist. Wenn man die 125 ZDB betrachtet, und wenn man die Qualität der NSU-Motoren kennt, wird man begreifen, daß dieses Ergebnis kein Zufall ist, sondern die Auswirkung einer einzigartigen, erfolggewohnten Tradition internationaler Klasse.

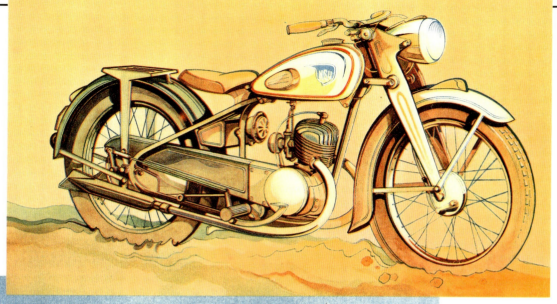

Rechts: Man sah der 125 ZDB an, daß sie eine Vorkriegskonstruktion war. Doch 1949/50 war man mit einer solchen Maschine noch up to date.

DIE NSU 125 ZDB GILT MIT RECHT als eines der schönsten deutschen

Motorräder. In der Tat findet man nicht so schnell eine Maschine, deren Linien so harmonisch und schön sind wie die der 125 ZDB.

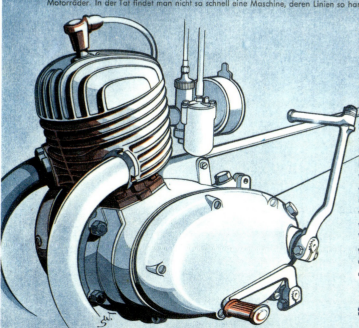

Mit der schönen Linie allein ist es aber nicht getan: das Fahrgestell dieser Maschine macht dem Namen NSU alle Ehre. Es bietet in Verbindung mit der unübertrefflichen Vorderradgabel eine Straßenlage, die als vorbildlich bezeichnet werden muß. Selbst dann, wenn man nicht die Absicht hat, jede Kurve in voller Schräglage auszufahren, wird man die Sicherheit, die dieses gute Fahrwerk gewährt, zu schätzen wissen.

Und da ist dieser 125-ccm-Motor, ein Flachkolbenzweitakter, der selbstverständlich ebenso wie das Fahrgestell von NSU, dem größten deutschen Motorradwerk, gebaut wird. Er ist unglaublich robust, leistungsfähig und sparsam wie alle NSU-Motoren; er nimmt es nicht übel, wenn er ständig gejagt wird, wenn man aus Versehen zu spät schaltet oder zu langsam einen Berg angeht. Als treues Arbeitstier läuft er unentwegt, glatt und geschmeidig. Kurzum: es ist eine prächtige NSU-Maschine ...

So gut, weil NSU sie baut!

So gut, weil NSU sie baut – an diesem Slogan war durchaus etwas dran. Der Markenname stand für ein Qualitätsprodukt.

15

FÜR ANSPRUCHSVOLLE FAHRER

NSU

Titelseite eines zweifarbigen Prospekts über die 251 OSL. Auch ohne Telegabel oder moderne Hinterradfederung eine verhältnismäßig komfortable Maschine. Und man posierte für Motorräder noch im Alltagsdreß – so, wie man fuhr.

Der Motor der NSU 251 OSL ist selbstverständlich ein obengesteuerter Viertakter, der eine Höchstleistung von 10,5 PS entwickelt. Der Ventilmechanismus ist völlig gekapselt, das Ventilspiel von außen ohne besonderes Werkzeug leicht einstellbar.

Über eine im geschlossenen Ölbad laufende Kette wird die Kraft auf ein richtig abgestuftes Viergangetriebe übertragen. Die Fußschaltung ermöglicht schnelles und sicheres Schalten. Die Hinterradkette ist ebenfalls — ein besonderes Merkmal der NSU 251 OSL — durch vollständige Kapselung äußeren Einflüssen entzogen.

Großdimensionierte Bremsen gewährleisten hohe Sicherheit während der Fahrt, die günstig abgestimmte Vorderradfederung bietet, zusammen mit dem Schwingsattel, Bequemlichkeit und ermüdungsfreies Fahren, Stoßdämpfer, Steuerungsdämpfer, Lenker, Fußrasten und Bremsen sind leicht nachstellbar.

Viele weitere Einzelheiten kennzeichnen die NSU 251 OSL als ein modernes Motorrad, dessen Fahrer auf keine Bequemlichkeiten zu verzichten hat. Die Bosch-Lichtanlage ist besonders kräftig; der Tachometer — bei Nacht indirekt beleuchtet — ist in den Scheinwerfer eingebaut. Der große Tankeinfüllstutzen erleichtert das Tanken.

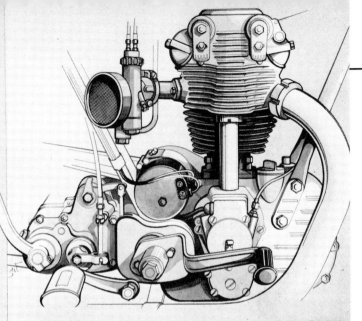

Höchstgeschwindigkeit: 100 km/h. Verbrauch: 2,7 Liter/100 km bei mittlerer Geschwindigkeit

Innen- und Rückseite (unten) des OSL-Prospekts. Neben der Vierteliter gab es die Fox, die ZDB, die Quick – und natürlich Fahrräder wie eh und je im NSU-Programm.

TECHNISCHE EINZELHEITEN

Motor: Obengesteuerter NSU-Viertakt-Motor, 241 ccm luftgekühlt, Bohrung 64 mm, Hub 75 mm.
Schmierung: Trockensumpf-Umlaufschmierung mit Zahnradpumpe.
Leistung: 10,5 PS.
Elektrische Anlage: Gleichstromlichtmaschine 45 Watt, großer Scheinwerfer mit 150 mm Lichtaustritt.
Elektrisches Horn.
Getriebe und Kraftübertragung: NSU-Viergang-Getriebe, Antrieb vom Motor durch Kette im Ölbad.
Leichtgehende und zuverlässige Fußschaltung.
Übersetzungsverhältnisse: 3,57:1 / 2,1:1 / 1,37:1 / 1:1.
Untersetzung vom Motor zum Getriebe: 1:2,35; Untersetzung vom Getriebe zum Hinterrad: 1:2,73.
Rahmen und Vorderradgabel: Offener Doppelrohrrahmen, gelötet; geschweißt, genietet und geschraubt.
Stahlblechgabel mit zylindrischer Schraubendruckfeder. Von Hand verstellbarer Stoßdämpfer. Breiter Hinterrad- und Vorderradständer.
Lenker und Fußrasten: Verstellbar für jede Körpergröße.
Bremsen: Weichwirkende, verstellbare Innenbackenbremsen vorne und hinten.
Treibstoffbehälter: 11 Liter Inhalt mit großem Verschluß.
Sattel: Bequemer Schwingsattel, verwindungssteif und ohne seitliches Spiel.
Tachometer: Großer, beleuchteter Tachometer im Scheinwerfergehäuse.
Gepäckträger: Aus Stahlrohr. Zwei abschließbare Werkzeugtaschen im Gepäckträger eingebaut.
Abmessungen: Radstand: 1280 mm, Reifengröße: 3,00 - 19".
Eigengewicht: 126 kg (fahrfertig und getankt).
Höchstgeschwindigkeit ca. 100 km/Std. Kraftstoffnormverbrauch: 2,7 Liter/100 km.

NSU-WERKE AKTIENGESELLSCHAFT NECKARSULM

Konstruktionsänderungen vorbehalten

Printed Germany

DM 100 5 100 6 0 22

Die übrigen Fahrzeuge der großen NSU Produktion

NSU-Fahrräder mit dem leichten Lauf

NSU-Quick
3 PS, 55 km/h
1,9 Liter/100 km

NSU 125 ZDB
5 PS, 75 km/h
2,4 Liter/100 km

NSU-Fox
6 PS, 85 km/h
1,8 Liter/100 km

NSU-Werbeblatt von 1951. Im Vordergrund steht die gut verkäufliche Fox mit ihrem kopfgesteuerten Viertaktmotor...

... nach Jahren FOX

NSU-*FOX* die sensationelle 100-ccm-Maschine der NSU-Werke, die eine neue Entwicklung im Motorradbau eingeleitet hat

MOTOR: NSU-Fox; Arbeitsweise: Viertakt obengesteuert; Hubraum: 98 ccm; Zylinderkopf: Leichtmetall; Vergaser: Bing; Zündung/Licht: Bosch-Schwungradlichtmagnetzünder 25 Watt.

GETRIEBE: Übertragung Motor/Getriebe: Zahnräder, schräg verzahnt, 1:4; Mehrscheibenkupplung; Dreigang-Blockgetriebe; Übersetzung im Getriebe: 1:2,64, 1:1,78, 1:1; Fußschaltung; Übertragung Getriebe/Hinterrad: Rollenkette, abgedeckt; Gesamtübersetzung: 1:20,4, 1:15,16, 1:8,52.

Abmessungen: Länge: 191 cm; Breite: 70 cm; Höhe: 90 cm; Gewicht (fahrfertig): 75 kg.
Leistungsdaten: Motorleistung: 6 PS; Normverbrauch: 1,7 Liter/100 km bei 55 km/h;
Höchstgeschwindigkeit: 85 km/h.

FAHRGESTELL: Zentralpreßrahmen; Teleskopähnliche Vordergabel; Hinterradfederung; Schwingsattel; vorn und hinten Innenbackenbremse; Bereifung: Niederdruck-Stahlseilreifen 2,5×19"; Tankinhalt: 6,5 Liter; Mittelständer.

(Die NSU 251 OSL ist in einem besonderen Prospekt beschrieben)

Die NSU-Werke sehen ihre Aufgabe mit dem Verkauf einer Maschine nicht erfüllt. Ein umfassender und fachmännischer Kundendienst erscheint ihnen ebenso wichtig. Allein in Deutschland finden Sie selbst in kleinsten Orten den NSU-Vertreter, der Sie berät und unterstützt. Ihr nächster NSU-Vertreter heißt:

NSU WERKE AKTIENGESELLSCHAFT NECKARSULM/WÜRTTEMBERG

Konstruktionsänderungen der hier beschriebenen Maschinen vorbehalten

TÄGLICH MEHRMALS UM DIE ERDE...

die tagein, tagaus von NSU-Maschinen in allen Ländern der Welt zurückgelegt wird. Und fragen Sie bitte alle die Fahrer, die schon seit Jahren eine NSU-Maschine in Betrieb haben: sie werden Ihnen bestätigen, daß NSU-Motorfahrräder und NSU-Motorräder leistungsfähig, anspruchslos und überraschend billig im Betrieb sind.

Zur NSU-Quick, dem hervorragenden Motorfahrrad, zur bekannten NSU 125 ZDB und schnellen NSU 251 OSL gesellt sich nun die NSU-Fox, jenes 100-ccm-Motorrad, das in so mancher Richtung neue Wege geht. Die Baulinie der NSU-Fox wird richtungweisend sein für den internationalen Motorradbau.

WERKTAGS ZUR ARBEIT — SONNTAGS INS GRÜNE

AUF NSU

. . . während die gute alte Quick mit Zweitaktmotor und die 125er ZDB auch noch immer erhältlich sind. Die Quick kam sogar mit zwei Gängen aus.

Quicklebendig am Werktag — Erquickend am Sonntag

NSU-QUICK das weltbekannte 100-ccm-Motorrad der NSU-Werke
jetzt mit NSU-Motorrad-Innenbackenbremsen

QUICK

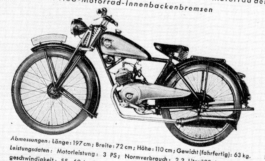

MOTOR: NSU-Quick; Arbeitsweise: Zweitakt; Hubraum: 97 ccm; Zylinderkopf: Leichtmetall; Vergaser: Bing; Zündung/Licht: Bosch-Schwungradlichtmagnetzünder 15 Watt.

GETRIEBE: Übertragung Motor/Getriebe: Kette im Ölbad, 1:2,54; Mehrscheibenkupplung; Zweigang-Blockgetriebe; Übersetzung im Getriebe: 1:2,91, 1:1,76; Schaltung: Handhebel am Lenker; Übertragung Getriebe/Hinterrad: Rollenkette, abgedeckt; Gesamtübersetzung: 1:18,5, 1:10,6.

FAHRGESTELL: Geschlossener Stahlrohrrahmen; Parallelogramm-Stahlblechgabel; Lenker: verstellbar; Druckfedersattel; vorn und hinten: starke NSU-Motorrad-Innenbackenbremsen; Bereifung: Niederdruck-Stahlseilreifen 26×2,25"; Tankinhalt: 7,5 Liter; Vorder- und Hinterradständer.

Abmessungen: Länge: 197 cm; Breite: 72 cm; Höhe: 110 cm; Gewicht (fahrfertig): 63 kg. Leistungsdaten: Motorleistung: 3 PS; Normverbrauch: 2,2 Liter/100 km; Höchstgeschwindigkeit: 55—60 km/h.

Die große kleine Maschine

NSU 125 ZDB die zuverlässige NSU-Maschine mit der sprichwörtlich guten NSU-Straßenlage

125 ZDB

MOTOR: NSU 125 ZDB; Arbeitsweise: Zweitakt mit Flachkolben; Hubraum: 123 ccm; Zylinderkopf: Leichtmetall; Vergaser: Bing; Zündung/Licht: Noris Umlauflichtbatteriezünder 35 Watt.

GETRIEBE: Übertragung Motor/Getriebe: Kette im Ölbad, 1:2,06; Mehrscheibenkupplung; Dreigang-Blockgetriebe; Übersetzung im Getriebe: 1:3,1, 1:1,45, 1:1; Fußschaltung; Übertragung Getriebe/Hinterrad: Rollenkette, abgedeckt; Gesamtübersetzung: 1:23,7, 1:11,5, 1:7,9.

FAHRGESTELL: Geschlossener Stahlrohrrahmen; Parallelogramm-Stahlblechgabel; Stoßdämpfer; von Hand verstellbar; Lenker: verstellbar; Schwingsattel; vorn und hinten Innenbackenbremse, 125 mm Ø; Bereifung: Niederdruck-Stahlseilreifen 2,5×19"; Tankinhalt: 10 Liter; Mittelständer.

Abmessungen: Länge: 198 cm; Breite: 68 cm; Höhe: 100 cm; Gewicht (fahrfertig): 85 kg. Leistungsdaten: Motorleistung: 5 PS; Normverbrauch: 2,4 Liter/100 km; Höchstgeschwindigkeit: 75 km/h.

NSU-Fox
jetzt mit
Vierganggetriebe

NSU

In wenigen Monaten wurde die NSU-Fox zum populärsten deutschen Motorrad. Das hat seinen guten Grund, denn ihre Leistung und Straßenlage, ihre Wirtschaftlichkeit und Zuverlässigkeit sind vorbildlich. Die ADAC-Deutschlandfahrt beendete die NSU-Fox-Mannschaft natürlich als überlegener Sieger (Großer Mannschaftspreis mit goldenem Schild); bei der Verbrauchsprüfung erzielte die wahllos herausgegriffene Fox des Fahrers Fischer'einen Verbrauch von sage und schreibe 1,56 Liter/100 Kilometer.

Das bietet nur die NSU-Fox!
Zentralpreßrahmen: verwindungssteif und widerstandsfähig;
Hinterradfederung: Fahrkomfort auch auf schlechten Straßen;
Vorderradschwingachse: kleinste ungefederte Massen
Obengesteuerter NSU-Viertaktmotor: sparsam, zuverlässig, schnell (»Der Motor mit dem guten Ton«);
Vierganggetriebe: richtige Abstufungen für jedes Gelände, noch höhere Durchschnitte, noch besseres Fahren;
Prächtiges Finish: schlagfeste Emaille und viel Chrom, jede NSU-Fox ist eine Luxusausführung.

Motorleistung: 6 PS;
Höchstgeschwindigkeit: 85 km/h;
Normverbrauch: 1,8 Liter/100 km.

Preis: DM 985.—

Anzahlung bei
Ratenkauf: **DM 345.—**

Fixe
Fahrer
fahren
Fox

die Maschine
der Pfennigfoxer

Sensation bei NSU: Jetzt war die Fox mit einem Vierganggetriebe zu haben. Das nebenstehende Inserat erschien im Sommer 1951 in der Fachpresse.

1951

Rechts: Mit öffentlichen Verkehrsmitteln fahren zu müssen schien den NSU-Werbern eine arge Zumutung zu sein. Ungewöhnlich, daß man auf dem Titelblatt eines Motorradprospekts nicht das beworbene Produkt abbildete ...

Unten: Wie stets, wurden auch auf diesem NSU-Prospekt die übrigen Modelle aufgeführt.

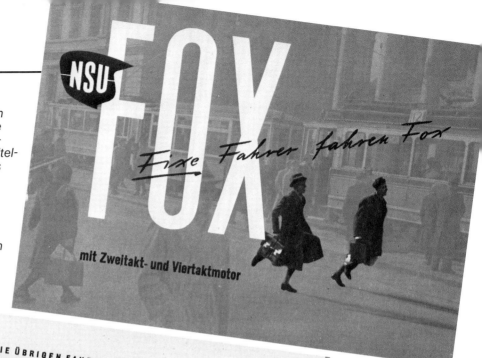

NSU **FOX**

Fixe Fahrer fahren Fox

mit Zweitakt- und Viertaktmotor

Damit kommen wir zum Schluß!
Bitte besuchen Sie Ihren NSU-Vertreter, der Sie gerne weiter beraten wird. Er liefert Ihnen die Fox in der Standard-Ausführung — schwarz emailliert mit bunten Zierlinien und reicher Chromausstattung — oder als Luxusmodell in Fisch-silberblau und Chrom. Sie müssen sie selbst ansehen, um zu begreifen, weshalb wir auf die Fox so stolz sind.

Ihr NSU-Vertreter heißt:

August Heibrock
NSU Fabrikvertretung
Oerlinghausen in Lippe

DIE ÜBRIGEN FAHRZEUGE DER GROSSEN NSU-PRODUKTION

NSU-Fahrräder mit dem leichten Lauf

NSU-251 OSL 10,5 PS, 100 km/h, 2,7 Liter/100 km

NSU-Quick 3 PS, 55 km/h, 1,8 Liter/100 km

NSU-Consul 18 PS, 110 km/h, 2,9 Liter/100 km

NSU **NSU WERKE AKTIENGESELLSCHAFT NECKARSULM**
Konstruktionsänderungen vorbehalten Printed in Germany DW 1047 300 4028

21

Der Viertakt-Fox-Motor schont vor allen Dingen den Geldbeutel seines Fahrers mit niedriger Steuer, niedriger Versicherung, niedrigem Viertakterverbrauch, auch dann, wenn man sehr scharf fährt. Er bietet den rassigen Ton, die sportliche Fahrweise, den rasanten Abzug, die wirksame Motorbremse beim Zurückschalten, die Sauberkeit der getrennten Schmierung.
Beim Viertakter sind die Vorgänge im Motor exakt gesteuert. Diese unbestreitbaren Vorzüge des Viertakters bedingen naturgemäß einen etwas höheren Anschaffungspreis. Und was die Pflege betrifft: wenn es beim Zweitakter Zeit wird, die Ölkohle zu entfernen, muß man beim Viertakter das Ventilspiel nachstellen. Beide Arbeiten machen wir im Handumdrehen.

Innenseiten des umseitig abgebildeten Fox-Prospekts. Die technischen Beschreibungen waren sehr detailliert. Hier die Viertakt-Fox . . .

TECHNISCHE EINZELHEITEN

Motor: Obengesteuerter NSU-Viertaktmotor
Hubraum: 98 ccm, Bohrung: 50 mm, Hub: 50 mm, Verdichtung: 1:7,2
Schmierung: Schleudertauchschmierung
Zünd-Lichtanlage:
Bosch- oder Noris-Schwungradlichtmagnetzünder 25 Watt
Vergaser: Bing-Einschiebervergaser

Getriebe:
Übertragung, Motor/Getriebe:
Zahnräder, schrägverzahnt
Kupplung, Typ:
Mehrscheibenkupplung, NSU
Getriebe: Blockgetriebe
Zahl der Gänge: 4
Schaltung: Fußschaltung
Gesamtübersetzung:
1. Gang: 1:28,6   3. Gang: 1:12,76
2. Gang: 1:18,39   4. Gang: 1: 9,08

Fahrgestell:
Rahmen: Zentralpreßrahmen
mit Hinterradfederung
Gabel: Radschwinggabel
mit zwei Druckfedern
Stoßdämpfer: Reibungsstoßdämpfer,
von Hand verstellbar
Lenker: Rohrlenker, verstellbar

Sattel: Schwingsattel
Bremsen: Innenbacken, 125 mm ø
Bereifung: Niederdr.-Stahlseil, 2,50×19''
Tankinhalt: 8,0 Liter

Abmessungen:
Länge: 191 cm, Breite: 70 cm, Höhe: 90cm,
Gewicht (fahrfertig und getankt): 80 kg

Leistungsdaten:
PS/Drehzahl: 6 PS/6500 Umdr./Min.
Normverbrauch: 1,8 Liter/100 km
Leistungsgewicht: 13 kg/PS
Literleistung: 61 PS
Höchstgeschwindigkeit: Etwa 85 km/h
Zulässige Belastung: 150 kg
Soziusfest? ja

6

NSU-Zweitaktmotoren besitzen einen ebenso guten Ruf wie NSU-Viertakter. Es sind Motoren, die unverwüstlich, anspruchslos und leistungsfähig sind, — man denke nur an die unvergleichliche NSU-Quick . . .
Wenn NSU sich entschloß, die Fox wahlweise mit einem Viertakt- oder einem Zweitaktmotor auszustatten, so geschah das deshalb, um auch jenen Fahrerkreisen das einzigartige Fahrwerk der Fox zu bieten, die auf die sportlichen Merkmale des Viertaktmotors keinen besonderen Wert legen. Die Zweitakt-Fox mit ihrem 125-ccm-Motor hat die Anspruchslosigkeit eines treuen Mulis. Man versorgt ihn mit dem Nötigsten, und dann ist er da, wenn man ihn braucht . . . Eine echte NSU!

TECHNISCHE EINZELHEITEN

Motor: NSU-Zweitaktmotor mit Flachkolben
Hubraum: 123 ccm, Bohrung: 52 mm, Hub: 58 mm, Verdichtung 1:6,1
Schmierung: Gemischschmierung
Zünd-Lichtanlage: Noris-Schwungradlichtmagnetzünder 25 Watt
Vergaser: Bing-Einschiebervergaser

Getriebe:
Übertragung, Motor/Getriebe:
Zahnräder, schrägverzahnt
Kupplung, Typ:
Mehrscheibenkupplung NSU
Getriebe: Blockgetriebe
Zahl der Gänge: 4
Schaltung: Fußschaltung
Gesamtübersetzung:
1. Gang: 1:25,74   3. Gang: 1:11,49
2. Gang: 1:16,54   4. Gang: 1: 8,17

Fahrgestell:
Rahmen: Zentralpreßrahmen
mit Hinterradfederung
Gabel: Radschwinggabel
mit zwei Druckfedern
Stoßdämpfer: Reibungsstoßdämpfer,
von Hand verstellbar
Lenker: Rohrlenker, verstellbar

Sattel: Schwingsattel
Bremsen: Innenbacken, 125 mm ø
Bereifung: Niederdr.-Stahlseil, 2,50×19''
Tankinhalt: 8,0 Liter

Abmessungen:
Länge: 191 cm, Breite: 70 cm, Höhe: 90cm,
Gewicht (fahrfertig und getankt): 84 kg

Leistungsdaten:
PS/Drehzahl: 5 PS/5000 Umdr./Min.
Normverbrauch: 2,1 Liter/100 km
Leistungsgewicht: 16,8 kg/PS
Literleistung: 40 PS
Höchstgeschwindigkeit: Etwa 75 km/h
Zulässige Belastung: 150 kg
Soziusfest? ja

. . . und hier die Zweitakt-Version, trotz etwas größeren Hubraums etwas leistungsschwächer.

22

7

Schöne Formen

Wer ein Gefühl für schöne Formen hat, den wird die berühmte NSU-Fox schon durch ihr Äußeres bestechen — niedrig, geduckt, bereit vorzupreschen. Dabei ist die schöne Form der Fox nicht einmal gewollt: sie ergab sich aus der absoluten Zweckmäßigkeit ihrer Konstruktion. Denn was in der Technik vollendet zweckmäßig ist, wird auch als vollendet schön empfunden.

Noch niemals gab es ein Motorrad, das in kurzer Zeit in Deutschland und im Ausland eine solch überragende Popularität erringen konnte. Die Fox ist geradezu ein Begriff für eine fortschrittliche Konstruktion geworden, kein Wunder eigentlich, denn sie entstand ja nicht vor dem Kriege, sondern erst vor wenigen Jahren. Dabei konnten die letzten Erkenntnisse des modernen Motorradbaus verwirklicht werden. Es überrascht deshalb nicht, daß die NSU-Fox Leistungen erzielt, die in ihrer Klasse von keiner anderen Maschine erreicht werden. Ein Beispiel: die NSU-Fox besitzt selbstverständlich ein Vierganggetriebe, weiß man doch in aller Welt, daß gerade eine kleine Maschine auf ein Vierganggetriebe nicht verzichten kann. Man merkt das am besten bei den zahlreichen Steigungen, in denen man — mit einem Dreiganggetriebe — im dritten Gang nicht leben und im zweiten Gang nicht sterben kann.

Dies ist die Viertakt-Fox

NSU-Fox für Pfennigfoxer

Links die Viertakt-Fox . . .

. . . und hier die Zweitakt-Schwester, von der es im Werbetext heißt, daß sie „höchste Geschwindigkeit" biete (obwohl die Viertakter schneller war!).

2

...taktmotor. Nun können auch diejenigen Fahrer, die keinen besonderen Wert auf Rassigkeit, höchste Geschwindigkeit und sportliches Fahren legen, die NSU-Fox fahren — in anderen Worten: sie können ein Motorrad besitzen, das eine einzigartige Straßenlage, unübertreffliche Fahrsicherheit und bisher kaum gekannten Fahrkomfort bietet, dabei schnell ist und prächtige Beschleunigung hat.

Dies ist die Zweitakt-Fox

...gen . . . das ergab ...ie Fox wieder ihre Straßenlage und ihre huschende Wendigkeit bezog. Die Fox ist die Maschine für quirlenden Stadtverkehr, aber auch für Überlandfahrten auf gewundenen, unübersichtlichen Wegen siebzehnter Güte. Man kann sie bis auf die Rasten herunterlegen, aufrichten, nach der anderen Seite werfen, sie macht alles mit, sie ist leicht und klein. Und trotzdem fürchtet sie keinen Sozius, sie ist eben doch ein ausgewachsenes Motorrad bei aller Leichtigkeit. Und der größte Vorzug der Fox: sie ist im Kurzstreckenverkehr dank ihrer Kleinheit sparsam und anspruchslos — dennoch verträgt sie härtestes Jagen auf Langstrecke, sie ist autobahnfest. Innerhalb von zwei Jahren wurden knapp 40000 NSU-Fox-Maschinen, die auf allen Straßen der Welt laufen, gebaut. Kann ein Motorrad einen größeren Erfolg haben?

Werktags zur Arbeit - Sonntags ins Grüne

3

Die Konsul ist wieder da

Um den Markt der 350- und 500-ccm-Klasse nicht allein der Konkurrenz zu überlassen, erschien bei NSU 1951 die Konsul, erhältlich in diesen zwei Standardgrößen. Die Maschinen basierten konstruktiv auf Vorkriegsmodellen, waren in ihrer technischen Ausstattung aber up to date – und vor allem preiswert. Die 350er Konsul gab es bis 1953, die 500er bis 1954 zu kaufen.

CONSUL

NSU

Kluge Köpfe kaufen CONSUL

KONSUL

NSU

Kluge Köpfe kaufen KONSUL

Die vielen Pferde In den Consul-Motoren steck
eine unbändige Kraft. NSU blieb bei dem robusten Einzylinder
motor bester Tradition, der, wie man allenthalben weiß, z
größter Sparsamkeit entwickelt wurde. „Sparsam wie ein
NSU" ist geradezu ein Sprichwort geworden. Mit diesen NSU
Pferden beherrscht man die Straße, und erst recht dann, wen

1951

Links: Die erste Ausgabe der neuen Werbeprospekte für die Konsul bezeichneten dieses NSU-Motorrad noch als „Consul". Aber im Inhalt waren dieser Prospekt und die nachfolgenden gleich.

Die Konsul – mit C oder K – war eine langerwartete Maschine. Es gab sie als 350er oder 500er, und in ihren Konfigurationen gehörte diese NSU zu den echten Klassikern!

Schnell und sicher

Seit Jahren schon erhalten die NSU-Werke Briefe etwa folgenden Inhalts: „Wann bringt Ihr wieder die großen NSU-Modelle heraus?" Dabei erinnern sich die Freunde der schweren NSU-Modelle jener berühmten NSU-Einzylinder-Rennmaschinen, deren Straßenlage geradezu einmalig war. Die Einzylinder-NSU mit ihrem geschlossenen Brückenrahmen lief auf kurvenreichen Strecken, besonders dann, wenn die Straßenoberfläche spiegelglatt war, ihren Gegnern auf und davon. Unter solchen Bedingungen zeigte sich die einmalige NSU-Straßenlage, die es dem Fahrer gestattet, schnell und sicher zu fahren.

Und nun sind diese berühmten NSU-Modelle wieder da, weiter entwickelt und mit den Erkenntnissen modernen Motorradbaus ausgestattet: die Consul I (350 ccm) und Consul II (500 ccm).

Man fährt sicher mit diesen starken Maschinen. Man kann es sich leisten, langsam in eine blinde Kurve hineinzugehen, der starke Motor zieht mit Bärenkräften heraus, — man kann schnelle, übersichtliche Kurven in unwahrscheinlicher Schräglage passieren: die NSU-Consul liegt wie ein Brett. Man kann es sich leisten, hinter einem Lastzug so lange zu bleiben, bis man den Gegenkurs ganz übersieht: der starke Motor beschleunigt wie eine Rakete vorbei. Und sind wir erst einmal auf freier Strecke, dann klettert die Tachonadel nicht langsam Strich für Strich, sie jagt davon mit einem Temperament, wie es den NSU-Maschinen eigen ist.

Mit der starken Consul hört das Riskieren auf, hört das Geizen mit Sekunden auf. Man kann es sich leisten, früh zu bremsen; man kann es sich leisten, vorsichtig zu überholen. Der starke Motor erlaubt das. Die starke NSU-Maschine ist schnell und sicher.

KLUGE KÖPFE KAUFEN CONSUL

... kurvenreichen Straßen oder bei nasser Oberfläche die ...aßenlage entscheidet.

... getrennte Zusammenbau von Motor, Getriebe und Lichtmaschine wurde beibehalten. Dadurch sind alle Aggregate ...cht zugänglich. Alle Antriebe sind genau nachstellbar. ...nnoch ist alles gegen Schmutz und Wasser dicht verkapselt.

NSU-Fahrräder mit dem leichten Lauf

NSU-Quick, 3 PS, 55 km/h, 1,9 Liter/100 km

NSU-Fox, Viertakter, 6 PS, 85 km/h, 1,8 Liter/100 km

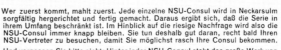

Wer zuerst kommt, mahlt zuerst. Jede einzelne NSU-Consul wird in Neckarsulm sorgfältig hergerichtet und fertig gemacht. Daraus ergibt sich, daß die Serie in ihrem Umfang beschränkt ist. Im Hinblick auf die riesige Nachfrage wird also die NSU-Consul immer knapp bleiben. Sie tun deshalb gut daran, recht bald Ihren NSU-Vertreter zu besuchen, damit Sie möglichst rasch Ihre Consul bekommen.

Und vergessen Sie bitte nicht: Hinter jeder NSU-Consul steht das große Werk von NSU mit einer umfassenden Kundendienstorganisation. Überall, wo Sie fahren, finden Sie den NSU-Kundendienst mit Männern, die von Ihrer Consul eine Menge verstehen. Man hört es landauf, landab: Wo Dächer sind mit Menschen drunter, da ist auch NSU!

Ihr NSU-Vertreter heißt:

NSU-Fox, Zweitakter, 5 PS, 75 km/h, 2,1 Liter/100 km

NSU-LUX, 200 ccm Zweitakter, 8,6 PS, ca. 95 km/h, 2,5 Liter/100 km

NSU WERKE AKTIENGESELLSCHAFT NECKARSULM

Konstruktionsänderungen vorbehalten   Printed in Germany DW 1000 100 51 11

1951

Technisch-informativ wie immer, dazu ein erfrischender Stil in der Formulierung: Das zeichnete die NSU-Werbung der fünfziger Jahre aus. Man sah wirklich, um was für eine Maschine es sich handelte. Offener und ehrlicher ging's nicht.

Ölmeßstab

Bohrung für Ölstoßdämpfer

Die ersten Consul-Maschinen, die die Serie verließen, beteiligten sich an den schwersten Zuverlässigkeitsfahrten. Sie gingen aus allen Wettbewerben als überlegene Sieger hervor. Eine bessere Erprobung kann es nicht geben.

DIE MASCHINE FÜR SCHNELLE JUNGENS: N

Die Teleskopgabel ist weich gefedert, progressiv, sie schont die Handgelenke, auch auf der längsten Reise. Die Teleskopgabel, wie NSU sie verwendet, hält das Vorderrad wirklich am Boden, auch dann, wenn man mit voller Beschleunigung über Holperpflaster oder Wellblechkurven geht. Die Hinterradfederung ist — ein besonderer NSU-Vorzug — mit einem Handgriff auf Solo- oder Soziusbetrieb umstellbar. Das ist eine entscheidende Erfordernis für eine starke Maschine. Die Bremsen, auf die es im heutigen Verkehr besonders ankommt, sind ungewöhnlich steil und mit Kühlrippon versehen. Die Hinterbremse ist so bemessen, daß auch beim Herunterbremsen aus voller Fahrt oder beim wettbewerbsmäßigen Hinabfegen durch ein langes Gefälle noch von wirklichem Bremsen gesprochen werden kann. Die NSU-Bremsen werden nicht „weich". Der Lenker ist ganz schmal, wie sich das für eine schnelle Maschine gehört, die mit Gefühl gefahren wird. Man kann sie nach einer Kurve mit dem kleinen Finger wieder aufrichten.

Und vergessen wir nicht den Rahmen. Der Consul-Rahmen, ein geschlossener Brückenrahmen, ist nicht der leichteste. Deshalb ist die NSU-Consul auch kein ausgesprochenes Fliegengewicht. Eins aber ist klar: dem geschlossene Brückenrahmen verdankt die Consul jene unschätzbare Stabilität und Sicherheit. Was nützt es dem Fahrer, wenn die Consul ein paar Kilo leichter wäre und dadurch mit weichem Rahmen schlingernd und ausbrechend durch schnelle Kurven ginge?

Viele Vorzüge

Hinterradfederung

Die Hinterradfederung der NSU-Consul schont nicht nur die Sozia, sie hält vor allem das Hinterrad am Boden und erlaubt es, die bullige Beschleunigung der starken Motoren und die volle Bremsverzögerung auszunützen. Sie ist mit einem Griff umstellbar auf Solo- oder Beifahrerbetrieb.

Hinterradkette

Natürlich ist die Hinterradkette voll gekapselt, staubsicher. Sie lebt drei- bis viermal so lange wie eine offene Kette und braucht nur äußerst selten nachgestellt zu werden.

Licht und Zündung

Im Bordnetz sind Licht und Zündung getrennt. Es kann also mit dem Licht los sein, was will: der Motor läuft immer dank seiner Magnetzündung. Der Zündzeitpunkt stellt sich automatisch mit Fliehkraftregler ein. Man tritt also ohne Nachdenken stets mit Spätzündung an und im Hochdrehen geht der Motor automatisch auf Frühzündung. Diese markanten Eigenschaften lassen die harte Wettbewerbsschule der Consul erkennen.

Tank

Mit einer Tankfüllung kann man auf der Consul eine lange Reise machen, denn der Treibstoffbehälter faßt 15 Liter. Man füllt einmal den Tank und fährt dann eine Ewigkeit. Die Consul ist eine echte Langreisemaschine

Links: Die Konsul (Consul) hatte selbstverständlich eine moderne Hirafe erhalten. Nicht nur für die Bequemlichkeit der Sozia, wie es hieß.

ONSUL I (350 ccm) NSU-CONSUL II (500 ccm)

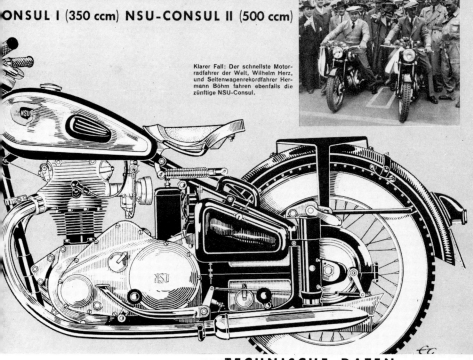

Klarer Fall: Der schnellste Motor-radfahrer der Welt, Wilhelm Herz, und Seitenwagenrekordfahrer Her-mann Böhm fahren ebenfalls die zünftige NSU-Consul.

Wilhelm Herz, damals der „schnellste Mann der Welt" (zumindest auf einem NSU-Motorrad), und sein Kollege Hermann Böhm hielten gern für die Konsul-Werbung her . . .

Rechts: Die technischen Daten der Konsul I mit 350 und der Konsul II mit 500 ccm Hubraum.

TECHNISCHE DATEN

Motor:
Obengesteuerter NSU-Viertaktmotor
Verdichtung, 1 : 6,3
Zylinderwerkstoff: Spezialgrauguß
Zylinderkopf: Leichtmetall
Kurbelwelle: 2mal gelagert
Schmierung: Getrennt, Trocken-sumpf
Vergaser: Bing 2/26/13
Zündung/Lichtanlage:
                   Noris DLU a 45/60/L
                   mit automatischer
                   Zündverstellung

Getriebe:
Übertragung Motor/Getriebe:
                   Kette im Ölbad
Übersetzungsverhältnis Motor/Getriebe:
                   1 : 2,416
Kupplung, Typ: Mehrscheibenkupplung
Zahl der Gänge: 4
Übersetzung im Getriebe:
                   1. Gang: 1 : 2,94
                   2. Gang: 1 : 1,96
                   3. Gang: 1 : 1,33
                   4. Gang: 1 : 1

Schaltung: Fußschaltung
Übertragung Getriebe/Hinterrad: Rollen-kette völlig gekapselt
Übersetzungsverhältnis Getriebe/Hinter-rad: 1 : 2,37
Gesamtübersetzung:
                   1. Gang: 1 : 16,8
                   2. Gang: 1 : 11,2
                   3. Gang: 1 : 7,65
                   4. Gang: 1 : 5,7

Fahrgestell:
Rahmen: Geschlossener, verwindungs-freier Brückenrahmen
Hinterradfederung: Teleskop-Federung mit Vorspannung für Soziusbetrieb
Vorderradfederung: Teleskop-Federgabel
Stoßdämpfer: Hydraulisch
Lenkungsdämpfer: Von Hand verstellbar
Lenker: Rohrlenker, verstellbar

Sattel: Schwingsattel, Pagusaart
Bremsen: Innenbacken, 180 mm ⌀
Bereifung: Niederdruckstahlseil, 3,50 × 19"
Tankinhalt: ca. 15 Liter

Abmessungen:
                   Länge: 218,5 cm
                   Breite: 81   cm
                   Höhe: 102   cm
Zulässige Belastung: 150 kg bzw. 2 Pers.
Beiwagenfest? ja

Leistungsdaten:

	Consul I (350 ccm)	Consul II (500 ccm)
PS/Drehzahl:	18 PS/5500 Umdr./Min.	22 PS/5300 Umdr./Min.
Normverbrauch:	2,9 Liter/100 km	3,3 Liter/100 km
Höchstgeschwindigkeit:	ca. 110 km/h	ca. 125 km/h

NSU-
LUX

Du kannst ruhig Motorrad dazu sagen!

Ich weiß schon, was ihr sagen wollt: Man ist es ja gewohnt, daß ein NSU-Erzeugnis im MOTORRAD gut wegkommt. Aber ich tu euch den Gefallen nicht! Stellt euch meinetwegen auf den Kopf, aber seit Walter William M. da unten in Neckarsulm vor reichlich zwanzig Jahren die Bude umkrempelte, hat es bei NSU keine so fortschrittliche, liebevoll gemachte Maschine mehr gegeben — bis zum heutigen Tage nicht!

In Nr. 17 habe ich anläßlich einer Rollerkritik behauptet, jeglicher heutige Roller bliebe in punkto letzter Fahrsicherheit um eine Größenordnung hinter modernen Mo-

torrädern zurück — die Lux ist eines der g a n z wenigen Motorräder, die einen zu so radikaler Einstellung zwingen.

Bleiben wir gleich bei der Lenkung: Hahnmeyer hat ja in seinen diversen Lenkungs- und Gabel-Fortsetzungsromanen die grundlegenden Anforderungen an Motorrad-Lenkungen herausgeschält, unter anderem die, daß möglichst wenig Gabelgewicht bzw. Masse vor der Steuerachse liegen dürfe. Daran hat sich Roder genau gehalten, der Steuerkopf faßt wie eine Faust in die Preßstahl-Gabel hinein. Dazu kommt ein Nachlauf in der Gegend von 65 mm. Wäre ich nicht von der Mars her eine ausgesprochene

Fingerspitzenlenkung gewohnt gewesen, hätte ich die Luxlenkung vielleicht labil gefunden. Wenn man sich aber darauf einmal eingestellt hat, daß diese Maschine mit ganz losen Ellbogen gefahren werden will, dann entdeckt man erst, was da alles drinsteckt — man kann sie immer n o c h mehr herunterlegen, als man denkt, daß man dürfe! In solchen Fällen, wenn man also an der Grenze der Reifenhaftung angelangt ist, geht ja zuerst das Hinterrad weg und man korrigiert mehr oder weniger erschreckt in der Lenkung. Mir galt es bisher als besondere Leistung, wenn ich zum Korrigieren wie etwa bei der R 25 nur einen Bogen, also

Die Zweitakt-Lux

Im Sommer 1951 stellte NSU das 200-ccm-Modell Lux vor. Ihr Motor arbeitete nach dem Zweitaktprinzip. Als braves und vor allem komfortables Alltagsmotorrad war die Lux ein beliebtes Fahrgerät und mit 90 bis 95 km/h auch schnell genug. Bis 1954 wurden von dieser NSU 65 850 Exemplare hergestellt . . .

NSU-Fahrräder mit dem leichten Lauf

NSU-Quick 2,85 PS ca. 55 bis 60 km/h 1,8 Liter/100 km

NSU-Zweitaktfox 5 PS ca. 75—80 km/h 2,1 Liter/100 km

Damit kommen wir zum Schluß!

Bitte, besuchen Sie Ihren NSU-Vertreter, der Ihnen gern die prächtige NSU-LUX erklären wird. Eine Probefahrt wird Sie davon überzeugen, daß die LUX Fahreigenschaften besitzt, die sie zum modernsten und schönsten Motorrad der Mittelklasse stempeln. Die Chromausstattung ist reichhaltig, das Finish, wie immer bei NSU, ausgezeichnet.

Und vergessen Sie bitte nicht, daß NSU allein in Deutschland ein Kundennetz mit 8000 NSU-Vertretern unterhält. In jeder Stadt und fast in jedem Dorf finden Sie einen zuverlässigen NSU-Repräsentanten. Überall, wo Sie fahren, steht der NSU-Kundendienst für Sie bereit. Denn: Wo Dächer sind mit Menschen drunter, da ist auch NSU.

Ihr NSU-Vertreter heißt:

NSU-Viertaktfox 6 PS ca. 80—85 km/h 1,9 Liter/100 km

NSU-Konsul I und II 18 PS 110 km/h 3,5 Liter/100 km 22 PS ca. 120 km/h 3,6 Liter/100 km

NSU NSU WERKE AKTIENGESELLSCHAFT · NECKARSULM/WÜRTT.

Konstruktionsänderungen vorbehalten.

Belserdruck Stuttgart

NSU *Lux* die modernste 200 ccm-Maschine

GRIFFEL

FAHRER UND SOZIA VIERFACH GEFEDERT!

Der erste Prospekt über die neue 200er aus dem Hause NSU.

Die **NSU - LUX** besitzt einen Soziusausleger, der mit dem verwindungsfreien Zentral - preßrahmen fest verbunden ist. Der Sozius befindet sich also ebenso wie der Fahrer im abgefederten Bereich der Maschine. Das Fahrwerk der LUX mit den beiden Schwingachsen stellt eine überragende konstruktive Lösung dar.

Die **Schwingachs - Vorderfederung**, mit der die LUX ausgestattet ist, bietet den Vorteil kleinster ungefederter Massen. Mit ihren langen Schraubenfedern und zwei hydraulischen Stoßdämpfern vermittelt sie dem LUX-Fahrer eine Straßenlage und einen Fahrkomfort, wie man sie bisher bei Maschinen dieser Klasse nicht kannte.

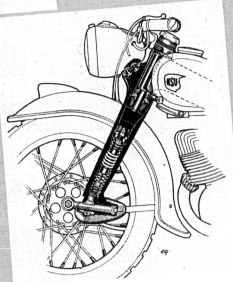

NSU-LUX ist vorn!

Mit der NSU - LUX wurde eine neue Entwicklung im internationalen Motorradbau der Mittelklasse eingeleitet. Neben einer überragenden Motorleistung und einer Straßenlage, die des Namens NSU würdig ist, bietet die LUX eine Bequemlichkeit, wie man sie bisher bei Maschinen dieser Größe nicht zu finden gewohnt war: Fahrer und Sozia sind vierfach gefedert. Stark dimensionierte Reifen, Schwingachse vorn und hinten, drei hydraulische Stoßdämpfer und Schwingsattel fangen auch die letzte Erschütterung ab.

Über den 200-ccm-NSU-Motor brauchen wir nicht viel Worte zu verlieren. Wer ihn fährt, ist vorn. Seine Beschleunigung, seine Höchstgeschwindigkeit können sich in einer größeren Klasse sehen lassen. Dazu kommt die klassische NSU - Straßenlage, die selbst von der Konkurrenz anerkannt ist. Kurzum: die NSU-LUX stellt heute mit Abstand die modernste 200 - ccm- Maschine dar — bei ihr ist das Geld gut angelegt, denn die LUX ist noch in vielen Jahren modern. Das ist eben der unendliche Vorteil, wenn man eine neuzeitlich konstruierte Maschine fährt.

Wenige Wochen nach Beginn der Serienfertigung starteten vier NSU-LUX-Fahrer mit Serienmaschinen bei der schweren Zuverlässigkeitsfahrt „Durch Bayerns Berge". Während zahlreiche andere Maschinen ausfielen oder Strafpunkte erhielten, blieben die vier LUX-Fahrer völlig strafpunktfrei. Sie erhielten die höchsten Auszeichnungen, die bei dieser Zuverlässigkeitsfahrt vergeben wurden. Einen besseren Beweis für die Leistung und Zuverlässigkeit der NSU-LUX kann es nicht geben.

Zahlreiche Einzelheiten lassen die Überlegenheit der LUX klar erkennen. Hier sind nur die wichtigsten Punkte: 200 - ccm-NSU-Zweitaktmotor 8,6 PS — Höchstgeschwindigkeit über 95 km/h — Treibstoffnormverbrauch 2,9 Liter/100 km — Verwindungsfreier Zentralpreßrahmen mit Soziusausleger (Sozius gefedert) — Viergangetriebe mit Fußschaltung — Schwingachsen vorn und hinten — drei hydraulische Stoßdämpfer — Steckachsen vorn und hinten (Räder untereinander austauschbar) — Kette voll gekapselt (vervielfachte Lebensdauer) — Innenbackenbremsen mit 160 mm Durchmesser — Steuerungsdämpfer am Lenker — Schwingsattel — Gleichstromlichtanlage 45 Watt — Scheinwerferkegel während der Fahrt verstellbar — Zubehörkasten links enthält Werkzeug, Zubehörkasten rechts Batterie — Fußrasten und Lenker verstellbar — Tankinhalt 11,5 Liter.

Fahrer und Sozius sind bei der LUX vierfach gefedert: 1) Überdimensionierte Reifen, 2) Vorder- und Hinterradfederung, 3) insgesamt drei hydraulische Stoßdämpfer, 4) Schwingsattel. Wer einmal eine LUX gefahren hat, der weiß, wie bequem Motorradfahren sein kann. Alle diese Vorzüge sind serienmäßig.

Der 200-ccm-Zweitakt-Motor, der NSU-LUX entwickelt eine für einen Zweitakter ungewöhnliche Beschleunigung und Höchstgeschwindigkeit. Er besitzt Flachkolben und Umkehrspülung. Die Kraftübertragung vom Motor zum Getriebe erfolgt über geräuschfreie, schrägverzahnte Zahnräder, die praktisch keiner Abnutzung unterliegen.

Wer LUX fährt, der kann lachen!

Modernste Rahmenkonstruktion und ein zuverlässiger, problemloser Zweitakt-200er: Die Lux war in der Tat ein Motorrad, zu dem der Slogan „Wer Lux fährt, der kann lachen" paßte!

31

Rechts: Heile Welt an der Autobahn – so sah das damals zumindest der für NSU langjährig aktive Zeichner Rudolf Griffel . . .

Unten: Werbung für die NSU Konsul. Die 500er hatte immerhin 21 PS und ging 123 km/h – das waren respektable Werte.

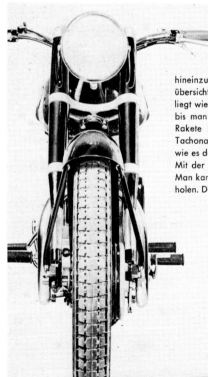

Die schweren 350 ccm- und 500 ccm-Maschinen, die NSU baut, heißen NSU-Konsul. In ihnen steckt nicht nur die Buchstabengruppe NSU, sondern auch eine Bärenkraft. Man fährt sicher mit diesen starken Maschinen. Man kann es sich leisten, langsam in eine blinde Kurve hineinzugehen, der starke Motor zieht mit Bärenkräften heraus – man kann schnelle, übersichtliche Kurven in unwahrscheinlicher Schräglage passieren: die NSU-Konsul liegt wie ein Brett. Man kann es sich leisten, hinter einem Lastzug so lange zu bleiben, bis man den Gegenkurs ganz übersieht: der starke Motor beschleunigt wie eine Rakete vorbei. Und sind wir erst einmal auf freier Strecke, dann klettert die Tachonadel nicht langsam Strich für Strich, sie jagt davon mit einem Temperament, wie es den NSU-Maschinen eigen ist.

Mit der starken Konsul hört das Riskieren auf, hört das Geizen mit Sekunden auf. Man kann es sich leisten, früh zu bremsen; man kann es sich leisten, vorsichtig zu überholen. Der starke Motor erlaubt das. Die starke NSU-Maschine ist schnell und sicher.

SCHNELL

UND

SICHER

Viele Konsul-Maschinen beteiligten sich an Zuverlässigkeitsfahrten im In- und Ausland. Sie gingen aus schwersten Wettbewerben als überlegene Sieger hervor.

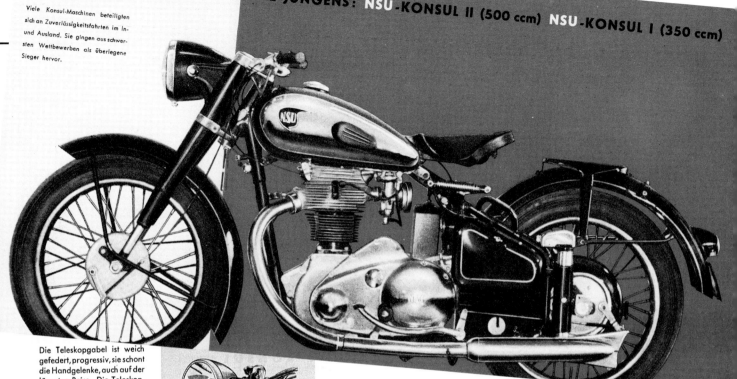

Die Teleskopgabel ist weich gefedert, progressiv, sie schont die Handgelenke, auch auf der längsten Reise. Die Teleskopgabel, wie NSU sie verwendet, hält das Vorderrad wirklich am Boden, auch dann, wenn man mit voller Beschleunigung über Holperpflaster oder Wellblechkurven geht. Die Bremsen, auf die es im heutigen Verkehr besonders ankommt, sind ungewöhnlich steif und mit Kühlrippen versehen. Die Hinterbremse ist so bemessen, daß auch beim Herunterbremsen aus voller Fahrt oder beim wettbewerbsmäßigen Hinabfegen durch ein langes Gefälle noch von wirklichem Bremsen gesprochen werden kann. Die NSU-Bremsen werden nicht „weich". Der Lenker ist ganz schmal, wie sich das für eine schnelle Maschine gehört, die mit Gefühl gefahren wird. Man

Kluge Köpfe, schnelle Jungens – um flotte Begriffe war man bei NSU nie verlegen. Aber diese Art der Werbung kam an. Die Rahmenschleife dieses Modells stand im übrigen in einem gewissen Kontrast zum Chassis der Lux!

kann sie nach einer Kurve mit dem kleinen Finger wieder aufrichten. Und vergessen wir nicht den Rahmen. Der Konsul-Rahmen, ein geschlossener Brückenrahmen, ist nicht der leichteste. Deshalb ist die NSU-Konsul auch kein ausgesprochenes Fliegengewicht. Eines aber ist klar: dem geschlossenen Brückenrahmen verdankt die Konsul jene unschätzbare Stabilität und Sicherheit. Was nützt es dem Fahrer, wenn die Konsul ein paar Kilo leichter wäre und dadurch mit weichem Rahmen schlingernd und ausbrechend durch schnelle Kurven ginge?

KLUGE KÖPFE KAUFEN KONSUL

Viele Pferde: Die große Konsul hatte 21, die kleinere mit 350 ccm noch 17,4 PS. Daß man in normaler Ausgehkleidung auf der Maschine saß, galt als selbstverständlich.

DIE VIELEN PFERDE

In den Konsul-Motoren steckt eine unbändige Kraft. NSU blieb bei dem robusten Einzylindermotor bester Tradition, der, wie man allenthalben weiß, zu größter Sparsamkeit entwickelt wurde. „Sparsam wie eine NSU" ist geradezu ein Sprichwort geworden. Mit diesen NSU-Pferden beherrscht man die Straße, und erst recht dann, wenn auf kurvenreichen Straßen oder bei nasser Oberfläche die Straßenlage entscheidet. Der getrennte Zusammenbau von Motor, Getriebe und Lichtmaschine wurde beibehalten. Dadurch sind alle Aggregate leicht zugänglich. Alle Antriebe sind genau nachstellbar. Dennoch ist alles gegen Schmutz und Wasser dicht verkapselt.

Wie üblich, zeigten die Rückseiten der NSU-Prospekte auch die anderen Modelle des Programms. Nur Fahrräder hatte man nicht mehr aufgeführt (aber es gab sie noch!).

NSU-Quick, 2,9 PS, 54 km/h, 1,8 Liter 100/km

NSU-Fox, Viertakter, 5,2 PS 82 km/h, 2,4 Liter 100 km

NSU-Fox, Zweitakter, 5,4 PS 83 km/h, 2,1 Liter/100 km

NSU-Lux, 200 ccm Zweitakter, 8,6 PS, 98 km/h, 3,3 Liter/100 km

NSU-MAX, 17 PS, 126 km/h, 3,2 Liter/100 km

Wer zuerst kommt, mahlt zuerst. Jede einzelne NSU-Konsul wird in Neckarsulm sorgfältig hergerichtet und fertig gemacht. Daraus ergibt sich, daß die Serie in ihrem Umfang beschränkt ist. Im Hinblick auf die riesige Nachfrage wird also die NSU-Konsul immer knapp bleiben. Sie tun deshalb gut daran, recht bald ihren NSU-Vertreter zu besuchen, damit Sie möglichst rasch Ihre Konsul bekommen. Und vergessen Sie bitte nicht: Hinter jeder NSU-Konsul steht das große Werk von NSU mit einer umfassenden Kundendienstorganisation. Überall, wo Sie fahren, finden Sie den NSU-Kundendienst mit Männern, die von Ihrer Konsul eine Menge verstehen. Man hört es landauf, landab: Wo Dächer sind mit Menschen drunter, da ist auch NSU.

Ihr NSU-Vertreter heißt:

NSU

NSU WERKE AKTIENGESELLSCHAFT NECKARSULM

Printed in Germany D W 1050 100 13 11

Konstruktionsänderungen vorbehalten.

VIELE VORZÜGE

Tank

Mit einer Tankfüllung kann man auf der Konsul eine lange Reise machen, denn der Treibstoffbehälter faßt 14,5 Liter. Man füllt ein Mal den Tank und fährt dann damit eine ganze Ewigkeit. Die Konsul ist eine echte Langreisemaschine.

Zündung

Der Zündzeitpunkt stellt sich automatisch mit Fliehkraftregler ein. Man tritt also ohne Nachdenken stets mit Spätzündung an und im Hochdrehen geht der Motor automatisch auf Frühzündung. Diese markanten Eigenschaften lassen die harte Wettbewerbsschule der Konsul erkennen.

Hinterradkette

Natürlich ist die Hinterradkette voll gekapselt, staubsicher. Sie lebt drei- bis viermal so lange wie eine offene Kette und braucht nur äußerst selten nachgestellt zu werden.

Hinterradfederung

Die Hinterradfederung der NSU-Konsul schont nicht nur die Sozia, sie hält vor allem das Hinterrad am Boden und erlaubt es, die bullige Beschleunigung des starken Motors und die volle Bremsverzögerung auszunützen.

Auch hier wieder die technischen Vorzüge der Hinterradfederung (vergl. mit Seite 26).

Rechts: Technische Daten der beiden Konsul-Modelle. Die Beiwagen-Festigkeit wurde erwähnt, aber nicht groß herausgestellt.

TECHNISCHE DATEN

Die Daten der 350 ccm Konsul stehen in Klammern

Motor:
Obengesteuerter NSU-Viertaktmotor
Verdichtung 1 : 6,3
Zylinderwerkstoff: Spezialgrauguß
Zylinderkopf: Leichtmetall
Kurbelwelle: zweimal gelagert
Schmierung: getrennt, Trockensumpf
Vergaser: Bing (2/26/13) 2/27/1
Zündung/Lichtanlage: Noris DLU a 45/60 L mit automatischer Zündverstellung
Schaltung: Fußschaltung
Übertragung Getriebe/Hinterrad: Rollenkette völlig gekapselt
Übersetzungsverhältnis Getriebe / Hinterrad: (1 : 2,37) 1 : 2,14
Gesamtübersetzung:
    1. Gang: 1 : 14,5 (1 : 16,82)
    2. Gang: 1 : 9,74 (1 : 11,21)
    3. Gang: 1 : 6,66 (1 : 7,66)
    4. Gang: 1 : 4,97 (1 : 5,72)

Getriebe:
Übertragung Motor/Getriebe: Kette im Ölbad
Übersetzungsverhältnis Motor/Getriebe: 1 : 2,32 (1 : 2,41)
Kupplung, Typ: Mehrscheibenkupplung
Zahl der Gänge: 4

Übersetzung im Getriebe: 1. Gang 1 : 2,94
    2. Gang 1 : 1,96
    3. Gang 1 : 1,34
    4. Gang 1 : 1

Fahrgestell:
Rahmen: Geschlossener, verwindungsfreier Brückenrahmen
Hinterradfederung: Teleskop-Federung
Vorderradfederung: Teleskop-Federgabel
Stoßdämpfer: Hydraulisch
Lenkungsdämpfer: Von Hand verstellbar
Lenker: Rohrlenker, verstellbar
Sattel: Schwingsattel, Pagusaart
Bremsen: Innenbacken, 180 mm ⌀
Bereifung: Niederdruckstahlseil, 3,50 - 19"
Tankinhalt: 14,5 Liter

Abmessungen:
Länge: 2185 mm
Breite: 820 mm (808 mm)
Höhe: 1000 mm
Zulässige Belastung: 150 kg bzw. 2 Personen
Beiwagenfest? Ja

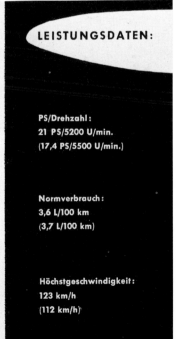

LEISTUNGSDATEN:

PS/Drehzahl:
21 PS/5200 U/min.
(17,4 PS/5500 U/min.)

Normverbrauch:
3,6 L/100 km
(3,7 L/100 km)

Höchstgeschwindigkeit:
123 km/h
(112 km/h)

Prospekt für die 53er Fox. Ein neuer Stil setzt sich durch. Jetzt trägt man Lederkleidung!

Die noch berühmtere Schwester

Im Jahre 1953 errang Werner Haas auf seiner treuen, stets zuverlässigen Rennfox die Weltmeisterschaft und die Deutsche Meisterschaft. In der Klasse bis 125 ccm hatte die Rennfox in Deutschland kurz nach ihrem Erscheinen keine Gegner mehr. Die Zweitakter, die bis dahin in dieser Rennklasse dominiert hatten, zogen sich sehr bald zurück.

Werner Haas ging im Jahre 1953 mit seiner Rennfox insgesamt elfmal an den Start, und zwar fünfmal bei Deutschen Meisterschaftsläufen und sechsmal bei Weltmeisterschaftsläufen. Bei den Rennen zur Deutschen Meisterschaft wurde er viermal Sieger und einmal belegte er den dritten Platz. Bei den Läufen um die Weltmeisterschaft siegte er dreimal und ging zweimal als Zweiter durchs Ziel. Kein einziges Mal schied Werner Haas mit Motorschaden aus. Das ist wohl der beste Beweis für die Zuverlässigkeit der Fox.

Die Serienfox, von der wir Ihnen in diesem Heft erzählen, ist natürlich nicht dazu bestimmt, es Werner Haas gleichzutun und Weltmeisterschaftsläufe zu bestreiten. Trotzdem aber möchten wir Sie hier an die großen Erfolge der Rennfox erinnern; denn sie besitzt im Prinzip die gleichen Konstruktionsmerkmale wie die Serienfox,

Das ist die berühmte NSU-FOX

FIXE FAHRER FAHREN FOX

NSU-FOX 100 ccm VIERTAKTMOTOR

Bei jedem Deutschen Meisterschaftslauf standen die Föxe in der ersten Reihe, denn sie hatten im Training die besten Zeiten erzielt. Hier sehen wir beim Start zum Eilenriede-Rennen Werner Haas (Nr. 167), Wolfgang Brand (Nr. 169) und Otto Daiker (Nr. 155) — alle drei auf NSU-Rennfox. In dieser Reihenfolge gingen die Foxfahrer als Erster, Zweiter und Dritter auch durchs Ziel. Wo gibt es noch einmal solche Erfolge?

den gleichen Zentralpreßrahmen, die gleiche Vorderradschwingachse. Selbstverständlich besitzt auch die Rennfox einen obengesteuerten Viertaktmotor.

Das Jahr 1953 war für die NSU Werke ein Jahr der großen Siege. Während NSU bereits nach dem Großen Preis der Schweiz die 250-ccm-Markenweltmeisterschaft sicher hatte, ging Werner Haas am Schluß der Rennsaison 1953 als doppelter Weltmeister und zweifacher Deutscher Meister in der 125-ccm- und 250-ccm-Klasse hervor. Mit diesen Siegen war NSU mit Abstand die erfolgreichste deutsche Marke. Und nicht nur bei den Rennen gab es eine Siegesserie ohnegleichen: Auch bei den schwersten Zuverlässigkeitsfahrten und Moto-Cross-Veranstaltungen dominierten jene Fahrer, die mit einer NSU gestartet waren.

Dieses Bild zeigt Werner Haas, den doppelten Weltmeister und doppelten Deutschen Meister, auf seiner Rennfox in voller Fahrt. Der Lenker ist bei der Rennfox schmaler als bei der Serienmaschine. Der Tank besitzt seitliche Kehlen, die zur Aufnahme der Arme bei Geradeausfahrt dienen.

Und damit jeder, der eine NSU-Maschine sein eigen nennt, sich immer wieder an diese großartigen Erfolge erinnern kann, erhalten von nun an alle NSU-Motorräder diesen Leichtmetall-Tankverschluß mit der Aufschrift: »NSU-Weltmeisterschaft 1953«.

Oben: Zwei weitere Innenseiten aus der kleinen NSU-Fox-Broschüre von 1953. Das Thema Motorsport bekam für NSU einen großen Stellenwert.

IN ALLEN

EINZELHEITEN

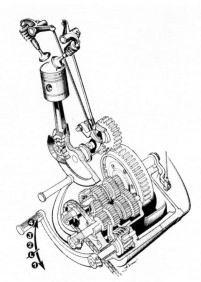

Viel wichtiger als die Höchstgeschwindigkeit ist bei jedem Fahrzeug, wie man weiß, der Reisedurchschnitt. Der aber hängt weitgehend vom Getriebe ab, und es ist klar, daß man mit einem Vierganggetriebe weiter und schneller vorankommt als nur mit drei Gängen.

Mit einem Vierganggetriebe hat man für jedes Gelände, für jede Steigung den richtigen Gang zur Hand. Wer hat nicht schon die Dreigangfahrer beobachtet, die an langgezogenen, mittleren Steigungen nicht wußten, ob sie den Motor im direkten Gang hochquälen oder im zweiten Gang überdrehen sollen. Im übrigen ist es so, daß niemand die Vorzüge und die Überlegenheit eines Vierganggetriebes bestreitet. Wären es nicht die höheren Fertigungskosten, die der vierte Gang mit sich bringt, so gäbe es heute wahrscheinlich bei den Motorrädern kein Dreiganggetriebe mehr. Die Direktoren von NSU und Chefkonstrukteur Roder sind der Ansicht, daß ein NSU-Fahrer auf das Vierganggetriebe nicht verzichten soll.

So sieht die Schwingachse aus, mit der die modernen NSU-Maschinen Quickly, Fox, Lux und Max ausgestattet sind. Als NSU vor einem Jahr zum erstenmal mit dieser eleganten Vorderfederung erschien, war es Neuland wie so vieles, was NSU eingeführt hat. Inzwischen hat sich die NSU-Schwingachsfederung nicht nur glänzend bewährt, sondern auch viele andere Firmen in Deutschland und im Ausland zu eingehenden Betrachtungen der Federungsmöglichkeiten angeregt. Es ist sehr lustig zu beobachten, wie bekannte Maschinen, die bis heute ohne Teleskopgabel kaum denkbar waren, allmählich zur Vorderradschwinge überwechseln.
Die Vorzüge der NSU-Schwingachse: Sie ist einfach und anspruchslos, sehr verwindungssteif und von kleinstem Eigengewicht; sie hält das Vorderrad der schnellen Fox am Boden, sie sichert gute Straßenlage und sicheres Bremsen unter allen Bedingungen.

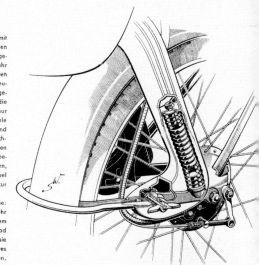

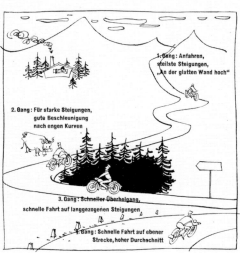

1. Gang: Anfahren, steilste Steigungen, „An der glatten Wand hoch"

2. Gang: Für starke Steigungen, gute Beschleunigung nach engen Kurven

3. Gang: Schneller Überholgang, schnelle Fahrt auf langgezogenen Steigungen

4. Gang: Schnelle Fahrt auf ebener Strecke, hoher Durchschnitt

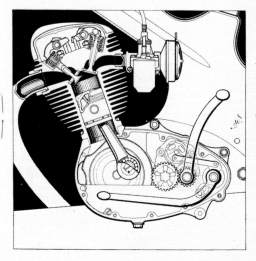

Der Viertakt-Fox-Motor schont vor allem den Geldbeutel seines Fahrers mit niedriger Steuer, niedriger Versicherung, niedrigem Viertakter-Verbrauch, auch dann, wenn man sehr scharf fährt; er bietet den rassigen Ton, die sportliche Fahrweise, den rasanten Abzug, die wirksame Motorbremse beim Rückschalten und die Sauberkeit der getrennten Schmierung. Beim Viertakter sind die Vorgänge im Motor exakt gesteuert. Das Treibstoff-Luftgemisch strömt zur rechten Zeit in den Zylinder und aus dem Zylinder hinaus, durch Ventile genau kontrolliert. Diese Vorzüge des Viertakt-Motors sind unbestreitbar. Und was die Haltbarkeit betrifft: Ein Viertakt-Motor hält mindestens so lang wie ein Zweitakter, denn er ist ja thermisch nicht so stark belastet. Und vergessen Sie bitte nicht: Der Volkswagen hat einen Viertakt-Motor, der amerikanische Jeep hat einen Viertakt-Motor und alle bekannten großen Verkehrsflugzeuge haben Viertakt-Motoren. Gibt es einen besseren Beweis für die Zuverlässigkeit dieses wirklich klassischen Motors?

Ausführliche technische Information auch hier wieder als Kernstück. Die Zeichnungen entstammen traditionsgemäß der Feder der Grafiker Siegfried Werner und Rudolf Griffel.

Das Erfolgsmodell NSU Max

1952 präsentierten die Neckarsulmer endlich eine neue 250er Viertakter, genannt Max. Äußerlich war die enge Verwandtschaft zur Fox und zur Lux erkennbar, doch eine Reihe von Innovationen machte dieses Motorrad zu einer technisch interessanten Maschine, die beachtliche 17, später sogar 18 PS leistete. Die Max wurde zu einem wahren Verkaufsschlager und blieb bis 1956 im NSU-Programm.

NSU MAX-EIN MOTORRAD WIE NOCH NIE

Der erste NSU-Max-Prospekt. Auf diese Maschine hatten viele NSU-Anhänger schon lange gewartet.

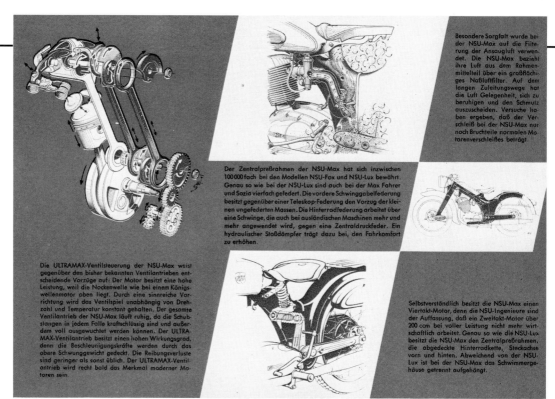

Technik – kein Geheimnis. Die Ultramax-ohc-Steuerung des Motors wird hier dargestellt.

Besondere Sorgfalt wurde bei der NSU-Max auf die Filterung der Ansaugluft verwendet. Die NSU-Max bezieht ihre Luft aus dem Rahmenmittelteil über einen großflächiges Naßluftfilter. Auf dem langen Zuleitungswege hat die Luft Gelegenheit, sich zu beruhigen und den Schmutz auszuscheiden. Versuche haben ergeben, daß der Verschleiß bei der NSU-Max nur noch Bruchteile normalen Motorenverschleißes beträgt.

Der Zentralpreßrahmen der NSU-Max hat sich inzwischen 100 000fach bei den Modellen NSU-Fox und NSU-Lux bewährt. Genau so wie bei der NSU-Lux sind auch bei der Max Fahrer und Sozia vierfach gefedert. Die vordere Schwinggabelfederung besitzt gegenüber einer Teleskop-Federung den Vorzug der kleinen ungefederten Massen. Die Hinterradfederung arbeitet über eine Schwinge, die auch bei ausländischen Maschinen mehr und mehr angewendet wird, gegen eine Zentraldruckfeder. Ein hydraulischer Stoßdämpfer trägt dazu bei, den Fahrkomfort zu erhöhen.

Die ULTRAMAX-Ventilsteuerung der NSU-Max weist gegenüber den bisher bekannten Ventilantrieben entscheidende Vorzüge auf: Der Motor besitzt eine hohe Leistung, weil die Nockenwelle wie bei einem Königswellenmotor oben liegt. Durch eine sinnreiche Vorrichtung wird das Ventilspiel unabhängig von Drehzahl und Temperatur konstant gehalten. Der gesamte Ventilantrieb der NSU-Max läuft ruhig, da die Schubstangen in jedem Falle kraftschlüssig sind und außerdem voll ausgewuchtet werden können. Der ULTRAMAX-Ventilantrieb besitzt einen hohen Wirkungsgrad, denn die Beschleunigungskräfte werden durch das obere Schwunggewicht gedeckt. Die Reibungsverluste sind geringer als sonst üblich. Der ULTRAMAX-Ventilantrieb wird recht bald das Merkmal moderner Motoren sein.

Selbstverständlich besitzt die NSU-Max einen Viertakt-Motor, denn die NSU-Ingenieure sind der Auffassung, daß ein Zweitakt-Motor über 200 ccm bei voller Leistung nicht mehr wirtschaftlich arbeitet. Genau so wie die NSU-Lux besitzt die NSU-Max den Zentralpreßrahmen, die abgedeckte Hinterradkette, Steckachse vorn und hinten. Abweichend von der NSU-Lux ist bei der NSU-Max das Schwimmergehäuse getrennt aufgehängt.

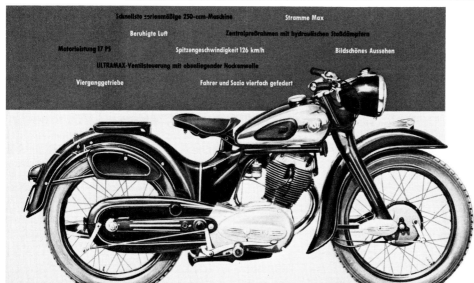

Schnellste serienmäßige 250-ccm-Maschine   Stramme Max

Beruhigte Luft   Zentralpreßrahmen mit hydraulischen Stoßdämpfern

Motorleistung 17 PS   Spitzengeschwindigkeit 126 km/h   Bildschönes Aussehen

ULTRAMAX-Ventilsteuerung mit obenliegender Nockenwelle

Vierganggetriebe   Fahrer und Sozia vierfach gefedert

Die „stramme" Max mit ihrem hochmodernen Rahmen und dem kräftigen Viertaktmotor durfte als eine der interessantesten Maschinen jener Zeit bezeichnet werden.

EIN MOTORRAD WIE NOCH NIE

NSU-MAX

Ein Motorrad wie noch nie, so nannte NSU die Max. In vieler Hinsicht stimmte diese Aussage.

1. Selbstverständlich Vierganggetriebe: günstige Übersetzung für alle Geländeverhältnisse.

2. Beruhigte Luft: lange Motor-Lebensdauer durch intensiv gereinigte Luft.

3. NSU-Zentralpreßrahmen: modern, glatt, formschön und völlig verwindungsfrei.

4. NSU-Vorderrad-Schwingachse: kleinste, ungefederte Massen, modern, oft nachgeahmt.

5. NSU-Hinterrad-Schwingachse: organisch eingebaut, glatt, formschön, leicht zu pflegen.

6. NSU-Vollnaben-Rennbremsen: abgeleitet von der NSU-Rennmax. Keine Bremsattrappe, sondern die besten Bremsen, die ein Motorrad haben kann: 280 cm² Bremsfläche.

7. NSU-Schwingsattel: hoher Fahrkomfort, schwimmfreies Fahren durch festen Seitenhalt. Schwingsattel + starke Reifen + Vorder- und Hinterradschwingachse + 3 hydraulische Stoßdämpfer = Fahrer und Sozia vierfach gefedert.

8. Die Max ist besonders leise: intensive Schalldämpfung durch großdimensionierten Diffusor-Schalldämpfer.

MIT MOTORRAD MEINT MAN MAX

Die Federung

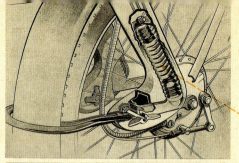

Eine gute, vollausgeglichene Federung ist mehr als reine Bequemlichkeit. Von ihr hängen Straßenlage und Bremsfähigkeit ab, so sehr, daß eine richtig gefederte Maschine wie die Fox selbst bei Schräglage in der Kurve noch erhebliches Bremsen verträgt.

Für Sie als Fahrer einer Fox ist es wichtig zu wissen, daß jede Möglichkeit, die überhaupt besteht, um Ihre Sicherheit oder Ihre Fahrbequemlichkeit zu erhöhen, wahrgenommen wurde. Auf Grund dieser technischen Überlegenheit besitzt die Fox eine Straßenlage, die man so schnell nicht wieder findet.

Werbung für die Zweitakt-Fox, nach wie vor ein braves Alltagsmotorrad. Besondere Herausstellung fanden die Schwinghebelgabel vorn und die jetzt sogar mit einem verstellbaren Stoßdämpfer versehene Hinterradfederung.

Und nun hat die berühmte NSU-Fox eine Schwester bekommen: eine Fox mit Zweitaktmotor. Nun können auch diejenigen Fahrer, die keinen besonderen Wert auf Rassigkeit, höchste Geschwindigkeit und sportliches Fahren legen, die NSU-Fox fahren — in anderen Worten: sie können ein Motorrad besitzen, das eine einzigartige Straßenlage, unübertreffliche Fahrsicherheit und bisher kaum gekannten Fahrkomfort bietet, dabei schnell ist und prächtige Beschleunigung hat.

Nicht umsonst sieht die Fox so geduckt aus, drahtig, gedrungen ... das ergab sich aus der Forderung tiefster Schwerpunktlage, von der die Fox wieder ihre Straßenlage und ihre huschende Wendigkeit bezog. Die Fox ist d i e Maschine für quirlenden Stadtverkehr, aber auch für Überlandfahrten auf gewundenen, unübersichtlichen Wegen siebzehnter Güte. Man kann sie bis auf die Rasten herunterlegen, aufrichten, nach der anderen Seite werfen, sie macht alles mit, sie ist leicht und klein. Und trotzdem fürchtet sie keinen Sozius, sie ist eben doch ein ausgewachsenes Motorrad bei aller Leichtigkeit. Und der größte Vorzug der Fox: sie ist im Kurzstreckenverkehr dank ihrer Kleinheit sparsam und anspruchslos — dennoch verträgt sie härtestes Jagen auf Langstrecke, sie ist autobahnfest. Innerhalb von vier Jahren wurden 66 000 NSU-Fox-Maschinen, die auf allen Straßen der Welt laufen, gebaut. Kann ein Motorrad einen größeren Erfolg haben?

Dies ist die Zweitakt-Fox

Werktags zur Arbeit -

Sonntags ins Grüne

DIE NEUE NSU *Lux*

Die modernste 200-ccm-Maschine

Prospekt für die Lux, Modell 1953. Betont wurde der moderne Stahlpreßrahmen mit der hydraulischen Stoßdämpfung und dem Schwingsattel.

Test: NSU-Quick
Kehraus am Feldberg
Zementbahn-Meisterschaft

Das **MOTORRAD**

*Titelseite der Zeitschrift
DAS MOTORRAD.
Das Foto zeigt Heiner
Fleischmann; im Heft war
außerdem ein ausführ-
licher Quick-Report von
J. F. Drkosch
veröffentlicht.*

44

JAHRGANG * HEFT NR. 20 * KARLSRUHE, OKTOBER 1950 * PREIS DM 1.—

So sahen die Testberichte in der Fachpresse damals aus. Die Ultramax-Ventilsteuerung fand überall großes Interesse.

Die „stramme Max" von NSU

Kaum ein anderes Motorrad-Modell hat bei seinem Erscheinen so sehr die Aufmerksamkeit der Fachkreise der ganzen Welt auf sich gezogen wie die NSU-Max. Nicht allein die Leistung von 17 PS des 250-ccm-Einzylinder-Viertakters mit obenliegender Nockenwelle und die damit ermöglichte Spitzengeschwindigkeit von ehrlichen 126 km/Std., vor allem die ausgesprochen technischen Delikatessen dieses Modells, von denen nur die völlig neuartige Schubstangen-Ventilsteuerung, die „beruhigte Luft"-Filterung und der Zentral-Preßrahmen genannt seien, machen die NSU-Max zu einer der interessantesten Maschinen der Welt-Produktion.

Es hat infolge des übermäßigen Andranges der in- und ausländischen Fachjournalisten eine Weile gedauert, bis wir endlich eine Test-„Max" in die Hand bekamen, dafür konnten wir das Erlebnis dieser Maschine um so länger genießen und fühlten uns als Feinschmecker, die sich den leckersten Bissen ihrer Mahlzeit bis zuletzt aufbewahrt haben. Zur Zeit, da dieser Test geschrieben wird, steht die „Max" nach fast 4000 Testkilometern noch vor unserem Haus und wir

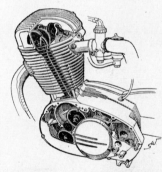

Mit der **NSU-Max** schuf NSU die stärkste 250 ccm-Maschine der Welt. Der Max-Motor, dessen wichtigstes Merkmal die neuartige ULTRAMAX-Steuerung mit obenliegender Nockenwelle ist, leistet 17 PS; er arbeitet außerordentlich geräuscharm. Als Fahrwerk wird ein Zentralpreßrahmen verwendet, wie man ihn im Prinzip von der Fox und Lux her kennt. Auch bei der NSU-Max sind Fahrer und Sozia vierfach gefedert. Als besondere Neuheit erhielt die NSU-Max eine Beruhigte-Luft-Filterung, die den Motorverschleiß auf einen Bruchteil der sonst bekannten Werte herabmindert.
Zeichnung: Werner

werden sie in Kürze auch im Gespann-Betrieb und unter härtesten Wettbewerbsbedingungen erproben. Vorweggenommen sei, daß es uns bis heute erspart blieb, auch nur einen Handgriff am Motor zu tun, daß allen Hetzjagden zum Trotz die anfangs eingesetzte 260er Kerze makellos ihre Pflicht tut, das Ventilspiel auf den Hundertstel Millimeter stimmt und Vergaser und Luftfilter noch keinen Anlaß gaben, etwas daran zu basteln.

Und wir haben die „Max" nicht geschont, der Himmel sei unser Zeuge! Wenn der Volksmund schon der Meinung sein mag, ein Viertaktmotor mit seiner komplizierten Ventilsteuerung sei empfindlicher als ein Zweitakter, so widersprechen unsere Erfahrungen mit der „Max" dieser Regel aber gründlich. Wir haben die 385 km Düsseldorf — Neckarsulm in haargenau 4 Stunden zurückgelegt, wir haben auf der Autobahn Darmstadt bis Frankfurt einen Durchschnitt von 102 km/Std. und auf der bergigen Autobahnstrecke Frankfurt — Düsseldorf 94 km/Std. Durchschnitt erreicht. **Das heißt:** Wir haben die „Max" stundenlang bergauf und bergab mit Vollgas erbarmungslos gejagt, daß der Tachometer stets zwischen 115 und 120 km/Std. spielte (und der Tacho der Max geht verflixt genau!), beim Halten an der Tankstelle aber lief dieser Motor im Leerlauf so ruhig, als habe man ihn soeben erst angetreten. Dabei lag der Treibstoffverbrauch selbst bei derartigen Zerreißproben stets zwischen 4,7 und 4,9 Liter/100 km, ein ganz erstaunlich günstiger Wert. Man muß aber wirklich wie der Leibhaftige fahren, um diesen Spitzenverbrauch überhaupt zu erreichen. Bei einigermaßen normaler Fahrweise

sinkt er rapide ab und liegt im Durchschnitt bei genau 3,6 Liter/100 km. Mit den 12 Litern Tankinhalt kommt man also rund 350 Kilometer weit, erst nach 300 km Fahrt kann man die vollen zehn Liter wieder nachtanken.

An dieser Stelle gleich etwas zur Treibstoff-Frage. Der „Max"-Motor mit seiner Verdichtung von 1:7,4 zeigt bei Verwendung von handelsüblichem Benzin eine starke Klingelneigung. Man tut also gut daran, sich von vornherein auf Benzin-Benzol-Gemisch umzustellen, das es einem erlaubt, klingelfrei zu beschleunigen. Die besten Erfahrungen haben wir nach allerlei Proben mit BV-ARAL gemacht und möchten die-

Mit der **ULTRAMAX-Steuerung** der NSU-Max beginnt eine neue Entwicklung im Bau von Viertaktmotoren. Der ULTRAMAX-Antrieb gestattet einen geräuscharmen, stets kraftschlüssigen, auswuchtbaren Antrieb der obenliegenden Nockenwelle. Die Nachteile, die bei anderen Ventilantrieben auftreten, werden bei der ULTRAMAX-Steuerung vermieden.
Zeichnung: Werner

sen Treibstoff jedem „Max"-Fahrer, der etwas von seiner Maschine verlangt, ans Herz legen.

Ein Punkt, von dem hin und wieder behauptet wird, er sei ein wunder Punkt, ist der Öl-Verbrauch der „Max".

NSU-LUX ist vorn!

Mit der NSU-LUX wurde eine neue Entwicklung im internationalen Motorradbau der Mittelklasse eingeleitet. Neben einer überragenden Motorleistung und einer Straßenlage, die des Namens NSU würdig ist, bietet die LUX eine Bequemlichkeit, wie man sie bisher bei Maschinen dieser Größe nicht zu finden gewohnt war: Fahrer und Sozia sind vierfach gefedert. Stark dimensionierte Reifen, Schwingachse vorn und hinten, drei hydraulische Stoßdämpfer und Schwingsattel fangen auch die letzte Erschütterung ab.

Über den 200-ccm-NSU-Motor brauchen wir nicht viele Worte zu verlieren. Wer ihn fährt, ist vorn. Seine Beschleunigung, seine Höchstgeschwindigkeit können sich in einer größeren Klasse sehen lassen. Dazu kommt die klassische NSU-Straßenlage, die selbst von der Konkurrenz anerkannt ist. Kurzum: die NSU-LUX stellt heute mit Abstand die modernste 200-ccm-Maschine dar — bei ihr ist das Geld gut angelegt, denn die LUX ist noch in vielen Jahren modern. Das ist eben der unendliche Vorteil, wenn man eine neuzeitlich konstruierte Maschine fährt.

Zahlreiche Einzelheiten lassen die Überlegenheit der LUX klar erkennen. Hier sind nur die wichtigsten Punkte:

200-ccm-NSU-Zweitaktmotor, 8,6 PS — Spitzengeschwindigkeit etwa 95 km/h — Treibstoffnormverbrauch 2,5 Liter/100 km — Verwindungsfreier Zentralpreßrahmen mit Soziusausleger (Sozius gefedert) — Vierganggetriebe mit Fußschaltung — Schwingachsen vorn und hinten — drei hydraulische Stoßdämpfer — Steckachsen vorn und hinten (Räder untereinander austauschbar) — Hinterradkette voll gekapselt (vervielfachte Lebensdauer) — Innenbackenbremsen mit 160 mm Durchmesser — Steuerungsdämpfer am Lenker — Schwingsattel — Gleichstromlichtanlage 45 Watt — Scheinwerferkegel während der Fahrt verstellbar — Zubehörkasten links enthält Werkzeug, Zubehörkasten rechts Batterie — Fußrasten und Lenker verstellbar — Tankinhalt 11,5 Liter.

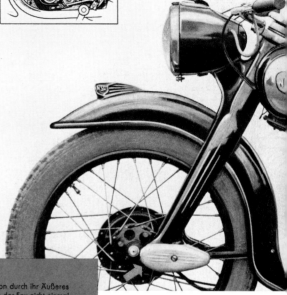

Der 200-ccm-Zweitaktmotor der NSU-LUX entwickelt eine für einen Zweitakter ungewöhnliche Beschleunigung und Höchstgeschwindigkeit. Er besitzt Flachkolben und Umkehrspülung. Die Kraftübertragung vom Motor zum Getriebe erfolgt über geräuschfreie, schrägverzahnte Zahnräder, die praktisch keiner Abnutzung unterliegen.

Rechts: Innenseiten des NSU-Lux-Prospektes, dessen Titel auf Seite 43 in Farbe gezeigt ist. Unten: Werbung für die Viertakt-Fox aus der gleichen Zeit.

Schöne Formen

Wer ein Gefühl für schöne Formen hat, den wird die berühmte NSU-Fox schon durch ihr Äußeres bestechen — niedrig, geduckt, bereit vorzupreschen. Dabei ist die schöne Form der Fox nicht einmal gewollt; sie ergab sich aus der absoluten Zweckmäßigkeit ihrer Konstruktion. Denn was in der Technik vollendet zweckmäßig ist, wird auch als vollendet schön empfunden.

Noch niemals gab es ein Motorrad, das in kurzer Zeit in Deutschland und im Ausland eine solch überragende Popularität erringen konnte. Die Fox ist geradezu ein Begriff für eine fortschrittliche Konstruktion geworden, kein Wunder eigentlich, denn sie entstand ja nicht vor dem Kriege, sondern erst vor wenigen Jahren. Dabei konnten die letzten Erkenntnisse des modernen Motorradbaus verwirklicht werden. Es überrascht deshalb nicht, daß die NSU-Fox Leistungen erzielt, die in ihrer Klasse von keiner anderen Maschine erreicht werden. Ein Beispiel: die NSU-Fox besitzt selbstverständlich ein Vierganggetriebe, weiß man doch in aller Welt, daß gerade eine kleine Maschine auf ein Vierganggetriebe nicht verzichten kann. Man merkt das am besten bei den zahlreichen Steigungen, in denen man — mit einem Dreiganggetriebe — im dritten Gang nicht leben und im zweiten Gang nicht sterben kann.

Dies ist die Viertakt-Fox

NSU-Fox für Pfennigfoxer

Die NSU-LUX besitzt einen Soziusausleger, der mit dem verwindungsfreien Zentralpreßrahmen fest verbunden ist. Der Sozius befindet sich also ebenso wie der Fahrer im abgefederten Bereich der Maschine. Das Fahrwerk der LUX mit den beiden Schwingachsen stellt eine überragende konstruktive Lösung dar.

Fahrer und Sozius sind bei der LUX vierfach gefedert: (1) Überdimensionierte Reifen, (2) Vorder- und Hinterradfederung, (3) insgesamt drei hydraulische Stoßdämpfer, (4) Schwingsattel. Wer einmal eine LUX gefahren hat, der weiß, wie bequem Motorradfahren sein kann. Alle diese Vorzüge sind serienmäßig.

Die Schwingachsvorderfederung, mit der die LUX ausgestattet ist, bietet den Vorteil kleinster ungefederter Massen. Mit ihren langen Schraubenfedern und zwei hydraulischen Stoßdämpfern vermittelt sie dem LUX-Fahrer eine Straßenlage und einen Fahrkomfort, wie man sie bisher bei Maschinen dieser Klasse nicht kannte.

1953

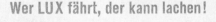

Wer LUX fährt, der kann lachen!

Unten: Das 1953er NSU-Programm umfaßte die Modelle Fox, Quick, Lux, Max und die beiden Konsul-Varianten.

Neckische Spiele am Waldesrand. Integralhelme waren noch kein Thema – eine Sonnenbrille tat's auch.

Die übrigen Fahrzeuge der großen NSU-Produktion

Damit kommen wir zum Schluß!

Bitte besuchen Sie Ihren NSU-Vertreter, der Sie gerne weiter beraten wird. Er liefert Ihnen die Fox in der Standardausführung – schwarz emailliert mit bunten Zierleisten und reicher Chromausstattung – oder als Luxusmodell in Fischsilberblau und Chrom. Sie müssen sie selbst ansehen, um zu begreifen, weshalb wir auf die Fox so stolz sind.

Ihr NSU-Vertreter heißt:

NSU-Quick, 2,9 PS, 55–60 km/h, 1,8 Liter/100 km

NSU-Lux, 200-ccm-Zweitakter, 8,6 PS, etwa 96,2 km/h, 3,3 Liter/100 km

NSU-Max, 250-ccm-Viertakter, 17 PS, 126 km/h, 3,2 Liter/100 km

NSU-Konsul I, 350 ccm, und II, 500 ccm 17,4 PS, 111,5 km/h, 3,7 Liter/100 km 21,0 PS, 122,6 km/h, 3,6 Liter/100 km

NSU NSU WERKE AKTIENGESELLSCHAFT NECKARSULM

Konstruktionsänderungen vorbehalten
Printed in Germany DW 1047 200 13 28

CARACTERISTIQUES D'UTILISATION: puissance du moteur: 11 CV à 5250 t/min.: consommation-type: 3,3 1/100 km; vitesse maximum: 100 km/h.; poids à vide (en ordre de marche, réservoir plein): 152 K".
Encombrement: longueur 203 cm, largeur 67 cm, hauteur 99 cm.

PARTICULARITES: Echappement à diffuseur; moyeux à broche; roues interchangeables, peut rouler avec side-car; réservoir modèle "Buffle".
En achetant une NSU-SUPERLUX, vous ne faites pas confiance à n'importe quel établissement, mais à une usine qui est devenue célèbre dans tous les pays du monde par ses doubles championnats mondiaux sensationnels et par des records de vitesse mondiaux dans beaucoup de catégories. Il est bien agréable pour vous de savoir que les mêmes spécialistes, qui ont mis sur pied les machines de championnat, construisent aussi votre modèle de série. La SUPERLUX par exemple, possède un cadre du même type que les machines de course NSU. Et les freins: la SUPERLUX possède de véritables freins de course avec une surface effective de freinage de 280 cm².

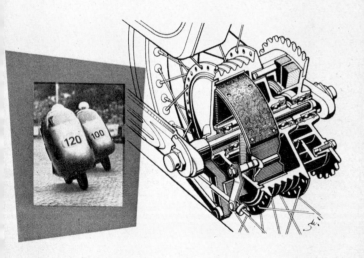

frenz. Printed in Germany

SUPER LUX NSU 200 c.

1955

Auch im Ausland hatte der Name NSU einen guten Klang. Dieser französischsprachige Text – übersetzt von Paul Niedermann in Paris – widmet sich der Superlux. Auch die anderen NSU-Motorräder waren jetzt zu „Super"-Modellen aufgestiegen.

NSU SUPERLUX

La NSU-SUPERLUX est une des machines les plus modernes de la production mondiale. En elle se trouve réunie l'expérience d'une usine qui construit des motos depuis un demi-siècle. Elle est la machine utilitaire, toujours puissante et d'un fini séduisant.

La NSU-SUPERLUX vaut la peine qu'on la contemple attentivement. Quand vous aurez fait sa connaissance, vous ne pourrez, vous aussi, que l'admirer sans réserve. Mais tout d'abord, voici quelques détails intéressants:

LE MOTEUR 2 TEMPS NSU

de la SUPERLUX développe 11 CV avec une cylindrée de 200 cc. Plus important que ces 11 CV est cependant sa souplesse: son couple-moteur atteint déjà le maximum aux régimes moyens et sa courbe se poursuit presque à l'horizontale. Vous savez sans doute que ceci caractérise un moteur souple et robuste, aux bonnes reprises. Les routes encombrées et aux nombreux virages ne sont donc pas un obstacle à la réalisation d'une bonne moyenne.

LE FAMEUX CADRE CENTRAL EN TOLE D'ACIER EMBOUTIE

Il est parfaitement rigide à la torsion, lisse, facile à nettoyer et confère à la machine un aspect harmonieux et compact. La fabrication de ces cadres nécessite un outillage très couteux, que seul une usine comme NSU peut se permettre, une usine qui table sur une grande production suivie.

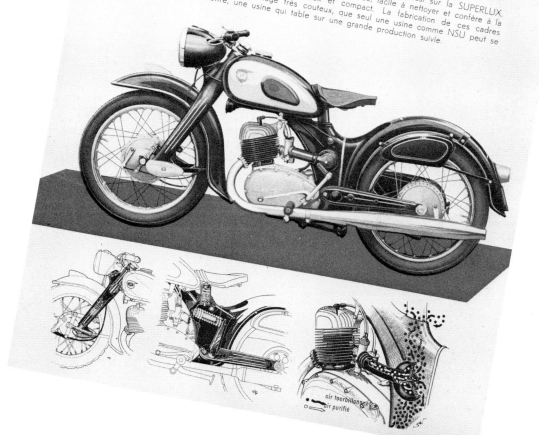

air tourbillonné
air purifié

49

Das ist die NSU-SUPERFOX

NSU

Die Superfox bezeichnete man als „die kleine Max". Die charakteristische Linie gab jedem NSU-Motorrad ein unverwechselbares Flair.

Sportlich, robust und unverwüstlich – eine kleine Max!

Das wird Sie interessieren

Motor:
Luftgekühlter NSU-Einzylinder-Viertaktmotor mit ULTRAMAX-Steuerung; Zylinderinhalt: 123 ccm; Verdichtungsverhältnis 1:8,5; Leistung 8,8 PS; Beruhigte Luftfilterung mit Ansauggeräuschdämpfung; Druckumlaufschmierung mit doppelt wirkender Zahnradpumpe; Spezial-Ölfilter; 45-Watt-Noris-Lichtbatteriezündung; Kraftübertragung vom Motor zum Getriebe durch geräuscharme, schrägverzahnte Zahnräder.

Getriebe:
Viergang-Blockgetriebe mit Fußschaltung.

Kupplung:
Mehrscheiben-Trockenkupplung (von außen zugänglich).

Fahrwerk:
Zentralpreßrahmen; Fahrer und Sozia vierfach gefedert, Schwingachsen mit vorgespannter Federung vorn und hinten.

Ausstattung:
Moderner Profillenker; Steckachse vorn und hinten, Räder untereinander austauschbar; Hinterradkette völlig gekapselt (vielfache Lebensdauer); bequemer Schwingsattel mit langem Federweg; Vollnaben-Rennbremsen vorn und hinten (Bremstrommel-Durchmesser 140 mm); Farben: Schwarz, Christiania-blau.

Leistungsdaten:
Spitzengeschwindigkeit: ca. 95 km/h; Normverbrauch: 2,7 Liter/100 km; Eigengewicht: 110 kg (ohne Treibstoff und Öl).

Die entscheidenden Merkmale der Superfox: Verwindungsfreier Zentralpreßrahmen, vordere und hintere Achsschwinge mit vorgespannter Feder, dreifache hydraulische Stoßdämpfung, obengesteuerter Viertaktmotor mit ULTRAMAX-Schubstangenantrieb und obenliegender Nockenwelle. Beruhigte Luft.

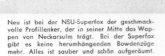

Neu ist bei der NSU-Superfox der geschmackvolle Profillenker, der in seiner Mitte das Wappen von Neckarsulm trägt. Bei der Superfox gibt es keine herumhängenden Bowdenzüge mehr. Alles ist sauber und schön aufgeräumt.

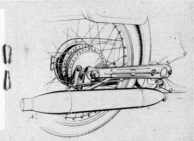

Von der Weltmeisterschafts-Rennfox erhielt die Superfox die hervorragenden Vollnabenbremsen, die dem Superfox-Fahrer hohe Sicherheit geben. Die Superfox-Bremsen greifen weich, aber trotzdem fest und wirksam. — Der Superfox-Schalldämpfer ist groß bemessen; die Superfox macht keinen Krach, sondern ist angenehm leise. Übrig bleibt der schöne, ruhige Schlag des kultivierten Viertakters.

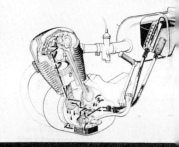

Der Superfox-Viertaktmotor erhält zu jeder Zeit, gleichgültig, ob die Fahrt bergauf oder bergab geht, die notwendige, genau dosierte und unter Druck geförderte Schmieröl. Auf seinem Kreislauf wird das Superfox-Schmieröl dreimal gefiltert. Wo findet man das sons...

Die Superfox mit ihren 123 ccm Hubraum hatte auch die Ultramax-ohc-Ventilsteuerung. Eine saubere Maschine ringsum.

Kennen Sie die NSU-MAX

Wer die NSU-Max nicht aus eigener Erfahrung kennt, der hat gewiß schon genug von ihr gehört, — von jener unerhört leistungsstarken Maschine, die in der ganzen Welt Aufsehen erregt ob ihrer bulligen Motorkraft, ihrer rasanten Beschleunigung, ihrer großen Zuverlässigkeit, ihrer Robustheit und — nicht zu vergessen — ihrer sprichwörtlichen Anspruchslosigkeit und Sparsamkeit. Fragen Sie die Max-Fahrer, man wird Ihnen jedes Wort gerne bestätigen. Wenn man heutzutage von einem überaus guten Motorradmotor spricht, dann denkt man an die Max.

Aber warum sagen wir Ihnen das an dieser Stelle? — Wir sagen es hier, damit Sie den Wert der Superfox richtig schätzen können. Denn Chefkonstrukteur Roder ist es gelungen, die guten Eigenschaften der 250-ccm-Max mit allen max-eigenen Merkmalen auf die kleinere 125-ccm-Superfox zu übertragen. Man kann ruhig sagen: Die Superfox ist eine kleine Max.

■ Da ist zunächst der Motor, der unverwüstliche NSU-Viertaktmotor. Die vielen Vorzüge des Viertakters, seine Laufruhe und seine hohe Leistung, seine saubere Verbrennung und exakte Steuerung, seine Sparsamkeit, seine geringe thermische Belastung kommen bei der Superfox voll zur Geltung.

■ Der obengesteuerte Superfox-Motor besitzt — wie die Max — die Schubstangensteuerung. Die ULTRAMAX-Steuerung, wie NSU sie nennt, bietet einen kraftschlüssigen, spielfreien und geräuscharmen Ventilantrieb über eine obenliegende Nockenwelle. Hinzu kommt, daß der ULTRAMAX-Schubstangenantrieb voll auswuchtbar ist.

■ Wie alle NSU-Motorräder wurde selbstverständlich auch die Superfox mit der beruhigten Luftfilterung ausgerüstet. Der stark wirbelnde, staubgeladene Fahrtwind wird über eine Ansaughutze an der rechten Seite der Maschine ins Innere des Rahmens geleitet, wo der Staub sich niederschlägt und die wirbelnde Luft sich beruhigt, so daß nur noch gereinigte und gleichmäßig fließende Luftströme den Vergaser passieren. Durch diese Art der Luftfilterung ist der Verschleiß der Zylinderlaufbahn und der Kolbenringe um 70 bis 75% geringer geworden.

■ Die Superfox hat als Viertakter einen gesteuerten, genau dosierten Ölkreislauf, der alle Schmierstellen unter dem Druck der Ölpumpe zwangsläufig mit Öl versorgt. Auf seinem Weg durch den Motor wird das Öl bei der Superfox dreifach gefiltert. Es leuchtet ein, daß durch diese Sicherheitsmaßnahme die Lebensdauer des Superfox-Motors und seine Zuverlässigkeit beträchtlich gesteigert werden. Weiterer Vorteil des Superfox-Separat-Öl-Systems: unbedingte Sauberkeit des gesamten Motorblocks, insbesondere der Vergaserpartie, kein Treibstoff-Öl-Mixen.

■ Als moderne Maschine besitzt die Superfox — das ist fast schon selbstverständlich — den schwingungstechnisch erforschten Zentralpreßrahmen. Er ist — die Max beweist es im harten Geländebetrieb immer wieder — von einer außergewöhnlichen Stabilität und Verwindungsfreiheit. Nach langem

Fahrbetrieb, nach 50000, 70000 und 100000 Kilometer, merkt man es erst so richtig: die Maschine spurt wie am ersten Tag. Außerdem verleiht der Zentralpreßrahmen dem Fahrzeug eine formschöne, moderne Linie. Seine glatten Flächen sind — auch das freut die Fahrer — leicht zu reinigen.

■ Nach dem bekannten NSU-Bauprinzip erhielt die Superfox eine Vorder- und Hinterradschwingachse. Vorn unterstützen zwei hydraulische Stoßdämpfer die vorgespannte Doppelfeder, hinten stützt sich das Hinterrad über eine vorgespannte Zentralfeder gegen den Rahmen ab. Mit Hilfe der neuartigen „vorgespannten" Federung gelang es, den Federweg beträchtlich zu vergrößern. Das Gewicht des Fahrers nimmt nicht, wie bei vielen anderen Maschinen, einen Teil des Federweges weg — bei der Superfox wurde das Gewicht des Fahrers vorbedacht. Die Superfox-Federung beginnt erst dann, wenn der Fahrer schon im Sattel sitzt. Hervorragende Straßenlage und hoher Fahrkomfort kennzeichnen die neue Superfox.

■ Bremsen sind das Gewissen eines Motorrades. Zu einer so modernen und schnellen Maschine wie der Superfox gehören selbstverständlich die besten Bremsen, die man bauen kann. Genau so wie die Superlux und die Max erhielt auch die Superfox die von den Weltmeisterschaftsmaschinen abgeleiteten Rennbremsen, die mit ihrer überdimensionierten Bremsfläche dem Fahrer größte Sicherheit bieten. Sie arbeiten bei kräftiger Wirkungsweise weich und ruckfrei.

■ Die Superfox hat ein nach Rennerfahrungen prächtig abgestuftes Viergang-getriebe, mit dem der Fahrer allen Geländeverhältnissen spielend gerecht wird. Die Superfox läßt sich leicht schalten. Nach einigen Kilometern fühlt man sich auf ihr zu Hause.

■ Auch ein sehr leistungsstarkes, sportliches Motorrad braucht keinen höllischen Krach zu veranstalten. Die Superfox hat eine niedrige Phonzahl — sie ist ruhig und angenehm in ihrem Klang. Besonderen Beifall findet der Leerlauf des Superfox-Viertakters. Mit ganz wenigen Touren läuft der Superfox-Motor, ohne sich zu verschlucken oder unrund zu „brubbeln". Das ist der Vorteil der exakten Gasführung. Superfox-Fahrer gelten überall als anständige Fahrer.

■ Übrigens: Beim Kauf einer Superfox müssen Sie sich nicht mit einer Einheitsfarbe begnügen. Die Superfox gibt es — außer in Schwarz — noch in einem schicken, geschmackvollen Christianiablau, ohne Aufpreis.

■ Großen Beifall findet auch der hochmoderne geprägte Profillenker, der in der Mitte ein geschmackvolles farbiges Wappen trägt. Mit dem Profillenker gelang es dem Konstrukteur, die Kabelzüge praktisch unsichtbar zu verlegen. Die Superfox macht nicht nur am Lenker, sondern im ganzen einen aufgeräumten Eindruck.

■ Um noch einmal darauf zurückzukommen: Die Leistungen der Superfox sind unerhört. Mit ihren 8,8 PS erreicht sie die Leistung mancher 175- und sogar mancher 200-ccm-Maschine. Die Superfox läuft gute 95 km/h. Der Motor ist elastisch und anspruchslos. Über seine Robustheit und Zuverlässigkeit und auch über seine Sparsamkeit braucht man nicht zu reden — das Beispiel der größeren Max spricht eine deutliche Sprache.

Das ist die neue Superfox von NSU, die alle Merkmale einer „kleinen Max" mitbringt: Sie hat den robusten, ULTRAMAX-gesteuerten Viertaktmotor, der seine guten 8,8 PS liefert, den bewährten Zentralpreßrahmen mit Schwingenfederung vorn und hinten und die großen Rennbremsen. Die Superfox läuft gut und gerne ihre 95 km/h.

Foto: Krause-Willenberg

NSU-Bilderdienst 7/1955

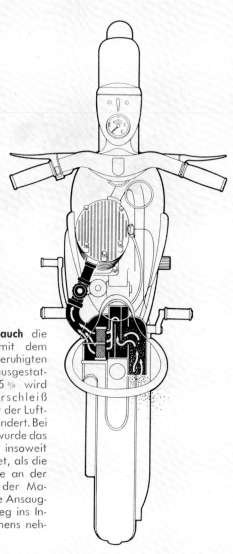

Natürlich ist auch die Superfox mit dem System der Beruhigten Luftfilterung ausgestattet. Nahezu 75 % wird der Motorverschleiß durch diese Art der Luftfilterung vermindert. Bei der Superfox wurde das System noch insoweit vervollkommnet, als die Luft durch eine an der rechten Seite der Maschine liegende Ansaughutze ihren Weg ins Innere des Rahmens nehmen muß.

Links: Die Max wird zitiert, die Superfox ist gemeint.
Das oben abgebildete Informationsblatt zirkulierte im
Sommer 1955 unter NSU-Händlern.

Auch von außen kann der Superfox-Motor seine Verwandtschaft mit der Max nicht verleugnen, vor allem ist es der Zylinder mit dem Zylinderkopf, der die typische, klare Max-Linie aufweist. Auch der Ansauggeräuschdämpfer mit Filter ist - wie bei der Max - mit dem Frischölbehälter kombiniert.

NSU-Bilderdienst 7/1955   NSU-Foto (Kolb)

Links: Unterhalb vom Sattel der Superfox der Frischölbehälter. Daneben NSU-Weltmeister Werner Haas im Sattel einer Superfox.

Weltmeister Werner Haas fuhr als einer der ersten die neue NSU-Superfox. Er lobte den sonoren Ton des Motors, die starke Beschleunigung, die Geländegängigkeit und die gute Straßenlage in den Kurven. Werner Haas faßte sein Urteil knapp, wie es Weltmeisterart ist, in einem Satz zusammen: „Dös is a saubere Maschin!"

Rechts: Funktionsschema des Rahmens bei der Superfox mit den Federungselementen und dem Hinterradantrieb.

Wie bei allen NSU-Maschinen, so bildet auch bei der Superfox der Zentralpreßrahmen das Rückgrat des Fahrzeugs. Unsere „aufgeschnittene" Zeichnung läßt erkennen, wie vorn die Schwinghebel abgefedert sind. Hinten sieht man die im Rahmen liegende Hinterradfederung, auf die die Hinterradschwinge abgestützt ist. Natürlich wurde die Kette zum Hinterrad durch einen Kettenkasten geschützt.

Die bei der Weltmeister-Rennfox gewonnenen Erfahrungen wurden auch für die Superfox ausgewertet. Das merkt man ganz besonders an den Bremsen, die als wirksame Vollnabenbremsen konstruiert wurden. Man kann ruhig sagen, daß die Superfox das Motorrad ist, das noch gefehlt hat: Einerseits leicht und handlich, andererseits aber robust und schnell.

Ein technisch gutes Motorrad kann auch dem Auge wohlgefällig sein, sagt man bei NSU. Ein weiterer Beweis für diese Behauptung ist die Maxi. Schon der Zentralpreßrahmen (der eine Menge technischer Vorzüge hat) gibt ihr ein geschlossenes Aussehen und eine klare Linie. Daß sie besser als Rohrrahmenmaschinen sauber zu halten ist, ist auch eine gute Seite dieses Rahmens.

Die Straßenlage der neuen NSU-Motorräder wird von Fachleuten allgemein gelobt. Schon vor Jahren, als NSU mit der damals revolutionierenden Konstruktion der Vorder- und Hinterradschwinge erschien, waren sie in diesem Punkte führend. Jahrelange harte Geländeerprobungen haben die neuen Federbeine entstehen lassen, die der Maxi die gute Straßenlage geben.

NSU-Bilderdienst 7 / 1956

Vertraute Elemente und doch ein völlig neuer Look – die NSU Maxi von 1956. Signifikant die hinteren Teleskop-Stoßdämpfer.

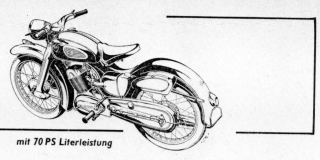

Ein munteres Pferdchen:

NSU-Superfox

mit 70 PS Literleistung

Der Erfolg der Max war es wohl, der die Männer in Neckarsulm veranlaßte, eine kleinere Maschine mit demselben Bauprinzipien, gewissermaßen eine kleine Max, für diejenigen Fahrer zu schaffen, die sich mit einem kleineren Hubraum zufriedengeben wollen. So entstand die NSU-Superfox, eine sportlich zähe 125-ccm-Maschine mit Zentralpreßrahmen, Vorder- und Hinterradschwinge, Viertakt-Motor und Vollnabenbremsen.

Der Superfox-Motor tritt als kleinerer Bruder des Max-Motors auf. Auch er besitzt eine obenliegende Nockenwelle, die über das auswuchtbare spielfreie Ultramax-Schubstangensystem angetrieben wird. Chefkonstrukteur Roder entschied sich für den Viertakt-Motor, weil dieser dem Fahrer größere Wirtschaftlichkeit, höhere Leistung, und sauberen Leerlauf zu bieten vermag. Mit besonderer Sorgfalt wurde das Ölsystem ausgebildet, das eine dreifache Filterung des Öls auf seinem Kreislauf durch den Motor vorsieht. Selbstverständlich bezieht auch der Superfox-Vergaser „beruhigte Luft", die nunmehr das Merkmal aller NSU-Konstruktionen geworden ist. Mit dieser Einführung gelang es, den Motorverschleiß auf einen Bruchteil früherer Werte zu vermindern.

Der NSU-Zentralpreßrahmen, der, als er vor einigen Jahren eingeführt wurde, als revolutionär galt, hat sich inzwischen weiter durchgesetzt, und man findet heute vielfach die Auffassung vertreten, daß in Zukunft alle modernen Motorräder ein Fahrgestell erhalten, das in der Schalenbauweise hergestellt ist. Der Zentralpreßrahmen erweist sich jedenfalls als sehr verwindungsfrei und stabil. Seine glatten Formen erleichtern die Reinigung, und außerdem ist er in der Linienführung elegant. Schwingungsforscher waren monatelang am Werk, um ihn auf seine Festigkeit Punkt für Punkt zu untersuchen.

Zum Zentralpreßrahmen gehört seit altersher die NSU-Vorder und -Hinterradschwingachse mit insgesamt drei Druckfedern und drei hydraulische Stoßdämpfern. Bei der Superfox wurde die sogenannte vorgespannte Federung eingebaut, die erst dann mit ihrem Federweg beginnt, wenn der Fahrer im Sattel sitzt. (Bei den meisten Motorrädern geht ein

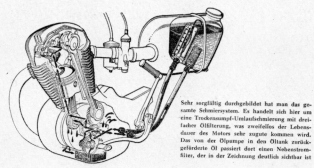

Teil des Federweges schon in dem Augenblick verloren, in dem der Fahrer in den Sattel steigt.) Bei der Superfox beträgt der wirksame Federweg vorn 90, hinten 75 mm.

Einen unmittelbaren Nutzen aus den Rennerfahrungen zogen die NSU-Konstrukteure, als sie die Vollnaben-Rennbremsen für die neue Superfox schufen. Die Vollnabe stellt daher keine wohlwollende Attrappe dar, unter der sich ein zierliches Bremsbäcklein verbirgt, sondern sie enthält eine ausgewachsene, starke Bremse mit fast 70 qcm wirksamer Bremsfläche, die weich und trotzdem zugkräftig arbeitet.

Die neue NSU-Superfox wurde so ausgelegt, daß sie zwar mit etwa 95 km/h eine respektable Spitze erreicht —, ihre Stärke liegt aber in einem guten Drehmoment, das dieser Maschine, die selbstverständlich mit Vierganggetriebe ausgestattet ist, eine überraschende Elastizität über einen weiten Drehzahlbereich sichert. Ihre Kraft zeigt sich im Stadtverkehr,

Sehr sorgfältig durchgebildet hat man das gesamte Schmiersystem. Es handelt sich hier um eine Trockensumpf-Umlaufschmierung mit dreifacher Ölfilterung, was zweifellos der Lebensdauer des Motors sehr zugute kommen wird. Das von der Ölpumpe in den Öltank zurückgeförderte Öl passiert dort einen Nebenstromfilter, der in der Zeichnung deutlich sichtbar ist

Technische Daten

Motor	1-Zylinder ohc
Hub/Bohrung	58/52 mm
Hubraum	123 ccm
Leistung	8,8 PS
Höchstdrehzahl	6500 U/min
Nockenwellenantrieb	Schubstangensteuerung
Zünd- und Lichtanlage	Bosch-Lichtbatteriezünder 45 W
Vergaser Bing	2/20
Schmierung	Druckumlauf mit doppelt wirkender Zahnradpumpe und Ölfilter
Getriebe	4-Gang mit Fußschaltung
Kupplung	Mehrschalten-Trockenkupplung (von außen zugänglich)
Federung	Vorder- und Hinterradschwinge Federweg vorn 90 mm Federweg hinten 75 mm
Bremsen	Vollnabenbremsen 140 mm Durchmesser
Eigengewicht	116 kg
Steigfähigkeit	34% in 1. Gang
Höchstgeschwindigkeit	95 km/h (mit 2 Personen)
Normverbrauch	2,7 ltr/100 km
Preis	1420,— DM

Bild links: Der grundsätzliche Aufbau der neuen Maschine entspricht dem der bekannten NSU-Modelle. Der steife Zentralpreßrahmen bildet das Rückgrat des Fahrzeuges und nimmt unten den Motor auf, der am Zylinderkopf noch einmal doppelt abgestützt wird.

Presseberichte zur Superfox vom September 1955. Damals wurden Autos und Motorräder noch gemeinsam auf der IAA gezeigt.

Maxi statt Superfox

Die letzte Modelländerung vollzog man bei NSU Ende 1956: Die Superfox wurde zur Maxi befördert. Ihr Einzylindermotor hatte statt 125 jetzt 175 ccm Hubraum mit 12,5 statt 8,8 PS. Immerhin wurden von diesem Motorrad noch einmal 31 471 Exemplare hergestellt. Aber nicht genug, um die Fortführung der Produktion sicherzustellen – die Weichen in Richtung Roller und Kleinwagen waren längst gestellt ...

Maxi, Schwester der Max, hieß es in der 1956er NSU-Werbung. Der 175-ccm-Motor wies selbstverständlich auch wieder die Ultramax-ohc-Steuerung auf. Chromtank und Chromfelgen bedingten einen etwas höheren Preis.

Schwester der **MAX** NSU

Die neue Maxi

Mit Motorrad meint man

MAX

Das ist die *maxi*

Aus gutem Hause von

Schwester der Max

Mit ihrer Spitze von 126 km/h und der für eine 250 ccm-Maschine unerhörten 18 PS-Leistung erfüllt die Supermax alle Fahrwünsche, die man auf den heutigen Straßen überhaupt stellen kann.

SUPER MAX

Oben: Ein weiterer Prospekt über die Maxi. Links daneben die erste Werbung für die Supermax.

Die Supermax war nach wie vor eine 250er Max, aber der neuen NSU-Linie angepaßt. Das typische Blau hieß Christianiablau.

— die Maschine für rechte Männer

Spielen Sie Skat?

Dann wissen Sie ja Bescheid, was den „Dritten Mann" angeht: der Dritte ist immer der, auf den man am meisten wartet. Erst wenn er kommt, ist die Runde komplett. Im Zusammenklang der NSU-Viertakter war es genau so: da spielten bisher nur zwei – die SUPERFOX und die SUPERMAX. Jetzt aber kommt der „Dritte": Er hört auf den durchaus passenden Namen MAXI. Und die Lücke ist geschlossen, die Lücke zwischen der 125 er- und der 250 er-Klasse. Mit ihrem 175 ccm-Viertaktmotor hat die MAXI alle Chancen, unzählige Freunde zu finden. 175 ccm - das ist im Streben nach höchster Leistung einerseits und größter Sparsamkeit andererseits die goldene Mitte.

Leistung: 12,5 PS bringt der MAXI-Motor auf die Bremse, **ehrliche** 12,5 PS natürlich, also nicht ein ausgesuchtes Paradestück gemessen, sondern an jeder x-beliebig aus der Serie herausgegriffenen Maschine. Zwölfeinhalb Pferdchen - das war noch vor wenigen Jahren die Leistung eines guten 250 er-Motors. Auf der MAXI fahren Sie mühelos um die 110 km/h, mit Sozius wohlgemerkt. Daß der MAXI-Motor bei dieser Leistungscharakteristik außer einer großartigen Beschleunigung noch eine nennenswerte Elastizität mitbringt, wissen die Fahrer besonders zu schätzen.

Sparsamkeit: Da fragt man zuerst nach dem Benzinverbrauch, nicht wahr? Also, MAXI's Normalverbrauch liegt bei 2,6 Liter auf 100 Kilometer. Das ist schon wenig genug. Dann aber: Nach der Einfahrzeit wechselt man den Inhalt des Motorölbehälters - er faßt 1,2 Liter - erst nach jeweils 3000 Kilometern. Das ist ungefähr die doppelte Laufzeit als bisher bei Motorrad-Viertaktern üblich. Sie werden gleich hören, wie das möglich ist; vorläufig sagen wir nur das Stichwort „MICRONIC-Spezialfilter".

Und dann wollen wir noch an Steuer und Haftpflichtversicherung denken. Mit 175 ccm wird die volle Spanne der dritten Versicherungsgruppe ausgenutzt, die von 100 bis 175 ccm reicht; das macht ganze 4.70 DM im Monat. Und für den Finanzminister zahlt man an Kraftfahrzeugsteuer genau 2.16 DM monatlich.

Nun sagen Sie selbst: ist MAXI nun leistungsfähig und ist sie sparsam?

Die Anspielung aufs Skatkloppen bezog sich auf den „Dritten Mann" – das sollte nach Superfox und Supermax die Maxi sein.

SUPERMAX

NSU

Rechts: Technische Aussagen, die keine Fragen offenlassen. Hieß die Maschine auch „Maxi" – sie war ein maskulines Sportgerät. Weibliche Namen und Artikel teilte sich die Motorradwelt mit der Seefahrt.

Links: Die neue Supermax mit ihrem verchromten Büffeltank.

as ist die

MAXI

chwester
er
Max

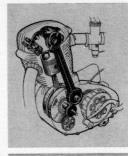

Zu dem Max-Motor gehört die ULTRAMAX-Ventilsteuerung, deren Einführung eine große Sensation im Motorradbau bedeutete. Die Ultramax-Schubstangensteuerung, wie sie NSU nennt, bietet einen kraftschlüssigen, spielfreien und geräuscharmen Ventilantrieb über eine obenliegende Nockenwelle. Viele Nachteile, die anderen Antriebsmöglichkeiten anhaften, sind bei der Ultramax-Steuerung vermieden.

Daß auch der NSU-Supermax- und der Maxi-Motor mit dem System der Beruhigten Luft ausgestattet sind, ist selbstverständlich. Der Verschleiß der Zylinderlaufbahn und der Kolbenringe ist durch die Anwendung dieses Verfahrens um 70–75 % geringer.

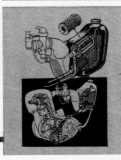

Zu einem schnellen und starken Motor gehört ein schnelles und starkes Fahrgestell und ebensolche Bremsen. Die NSU-Supermax und Maxi besitzen den Zentralpreßrahmen, der, von seiner modernen Linienführung abgesehen, glattflächig, völlig verwindungsfrei und überaus stabil ist. Alle NSU-Motorräder besitzen vorn und hinten echte, ausgewachsene Vollnaben-Rennbremsen, die direkt von den NSU-Weltmeisterschaftsmaschinen abgeleitet wurden.

FÜR RECHTE MÄNNER

Wenn heutzutage die Rede von einem echten Motorrad ist, dann denkt man an die NSU-Max, an jene Maschine, die nicht nur in Deutschland, sondern in der ganzen Welt Aufsehen erregte mit ihren Siegen und Erfolgen in allen Wettbewerben und im täglichen Dauerbetrieb. Wer erinnert sich nicht noch gern der großartigen Siege der NSU-Rennmäxe bei den Weltmeisterschaftsläufen oder der Straßen- und Geländesiege am laufenden Band, die die Privatfahrer mit ihren Max-Maschinen – seit dem offiziellen Ausscheiden der NSU-Werksmannschaft – immer wieder und überall erringen!

Die NSU-Supermax mit ihrer bulligen Motorkraft, ihrer Robustheit und ihrer Rasanz in der Beschleunigung ist im Motorradwelt zu einem Maßstab für Leistung und Ausdauer. Die vielen Vorzüge des Viertaktmotors

- seine Laufruhe und seine hohe Leistung,
- seine Sparsamkeit,
- seine geringe thermische Belastung,
- seine große Standfestigkeit

kommen bei der Supermax und der Maxi voll zur Geltung. Bei beiden Maschinen liegt die Leistungscharakteristik erheblich über dem Klassendurchschnitt.

Stark und sparsam: NSU-Maxi

Mit ihrem 175 ccm-Viertaktmotor hat die Maxi – als kleineres Pferd aus der Max-Boxe – alle Chancen, unzählige Freunde zu finden. Denn: 175 ccm – das ist im Streben nach höchster Leistung einerseits und größter Sparsamkeit andererseits die goldene Mitte. Die Maxi ist also vor allen Dingen die Maschine für jene Fahrer, die große Sparsamkeit, hohe Leistung und Zuverlässigkeit mit kleinsten Geldaufwendungen erreichen möchten.

12,5 PS bringt der Maxi-Motor auf die Bremse – das war noch vor wenigen Jahren die Leistung eines guten 250er Motors. Bei dieser Leistungscharakteristik schafft die Maxi mühelos um die 110 km/h, mit Sozius wohlgemerkt. Und daß der Motor außer einer großartigen Beschleunigung noch eine nennenswerte Elastizität mitbringt, wissen die Fahrer besonders zu schätzen.

Und wenn von der Sparsamkeit die Rede ist, so sind bei der Maxi nicht nur der geringe Verbrauch – 2,6 Liter/100 km – die Robustheit und die lange Lebensdauer von Motor und Fahrgestell ins Feld zu führen – bei 175 ccm Hubraum ist es auch interessant, an Steuer und Haftpflichtversicherung zu denken, denn mit 175 ccm wird die volle Spanne der dritten Versicherungsgruppe ausgenutzt, die von 100 bis 175 ccm reicht; das macht ganze 4,70 DM im Monat. Und für den Finanzminister zahlt man an Kraftfahrzeugsteuer genau monatlich 2,16 DM.

Von einem Motorrad von heute verlangt man aber nicht nur eine große Rasanz und Standfestigkeit, sondern auch ein gutes Maß an Komfort. Betrachten wir uns deshalb die Federung bei der NSU-Supermax und Maxi: beide Maschinen sind mit Schwingachsen vorn und hinten ausgerüstet. Zwei hydraulische Stoßdämpfer vorn und zwei hydraulische Federbeine hinten bewirken eine Federungscharakteristik, die einen hohen Fahrkomfort gewährleistet. Die NSU-Federbeine haben als Besonderheit große Schraubenfedern aus Vierkant-Federstahl, die im Innern der hydraulischen Stoßdämpfer untergebracht sind.

Das Ölsystem des Maxi-Motors bietet eine Überraschung: ein Micronic-Feinstfilter sorgt dafür, daß das Motorenöl bei jedem Umlauf aufs neue »feinstgefiltert« wird, so daß bei der Maxi das Öl erst nach langer Laufzeit gewechselt zu werden braucht. Dies, wie natürlich auch die Schonung von Lager, Kolben und Zylinder, wird im Geldbeutel angenehm spürbar.

NSU-Max — die Maschine der Weltmeister — vielfacher Deutscher Meister im Gelände

SUPER MAX

Leistungsdaten:

18 PS; 126 km/h Spitze; Normverbrauch ca. 3,2 Liter/100 km

Ausstattung:

Bequemer Schwingsattel mit langem Federweg (auf Wunsch – gegen kleinen Aufpreis – Doppelsitzbank); Vollnaben-Rennbremsen vorn und hinten; 180 mm Bremstrommeldurchmesser; verstellbarer Steuerungsdämpfer am Lenker; Büffeltank-Inhalt 14 Liter (davon 1,4 Liter Reserve); Diffusor-Auspufftopf; Kurzgasdrehgriff

Farben:

Schwarz und Christianiablau

Motor:

250 ccm luftgekühlter NSU-Einzylinder-Viertakter mit ULTRAMAX-Steuerung; Verdichtungsverhältnis 1:7,5; Druckumlaufschmierung; 60-Watt-Lichtbatteriezündung; Kraftübertragung vom Motor zum Getriebe durch geräuscharme, schrägverzahnte Zahnräder; Motoröl zweifach gefiltert; Micronic-Ölfilter

Getriebe:

Mehrscheiben-Trockenkupplung; Vierganggetriebe

Fahrwerk:

Zentralpreßrahmen; Federung: Schwinge mit Federbeinen, 75 mm Federweg; Bereifung 3,25-19"; Leergewicht (betriebsfertig, vollgetankt) 174 kg; beiwagenfest, Anschlüsse vorhanden

MAXI

Leistungsdaten:

12,5 PS; 110 km/h Spitze (mit zwei Personen); Normverbrauch ca. 2,6 Liter/100 km

Ausstattung:

Moderner Profillenker; bequemer Schwingsattel mit langem Federweg (auf Wunsch – gegen kleinen Aufpreis – Doppelsitzbank); Vollnaben-Rennbremsen vorn und hinten; 140 mm Bremstrommeldurchmesser; Büffeltank-Inhalt 10,8 Liter (davon 0,8 Liter Reserve); Diffusor-Auspufftopf

Farben:

Schwarz und Christianiablau mit Chromtank und Chromfelgen

Motor:

175 ccm luftgekühlter NSU-Einzylinder-Viertakter mit ULTRAMAX-Steuerung; Verdichtungsverhältnis 1:7,8; Druckumlaufschmierung mit doppelt wirkender Zahnradpumpe und Spezialölfilter; 45/60-Watt-Lichtbatteriezündung; Kraftübertragung vom Motor zum Getriebe durch geräuscharme, schrägverzahnte Zahnräder

Getriebe:

Mehrscheiben-Trockenkupplung; Vierganggetriebe

Fahrwerk:

Zentralpreßrahmen; Federung: Schwingachsen vorn und hinten, zwei hydraulische Stoßdämpfer vorn, zwei hydraulische Federbeine hinten (von Hand verstellbar); Bereifung 3,25-18"; Leergewicht (betriebsfertig, vollgetankt) 137 kg

Konstruktions- und Ausstattungsänderungen vorbehalten

Und was Sie als Supermax- oder Maxi-Fahrer ganz umsonst mitbekommen, das ist ein Kundendienst, wie er in dieser Art nicht gleich wieder geboten wird. 4500 NSU-Vertragswerkstätten mit speziell ausgebildeten NSU-Mechanikern sind über das ganze Land verteilt. Und auch im Ausland finden Sie überall und immer wieder das blauweiße NSU-Zeichen. Als NSU-Fahrer ist man überall in guter Hut.

Ihr NSU-Händler:

NSU WERKE AKTIENGESELLSCHAFT NECKARSULM

DW 2089 150 11929 Printed in Germany

Zum Vergleich – die technischen Hauptdaten von Supermax und Maxi. Es gab diese Maschinen übrigens nicht nur in Blau, sondern auch in klassischem Schwarz.

Unten: Technische Details der NSU Supermax. Groß herausgestellt wurde die „beruhigte Ansaugluft".

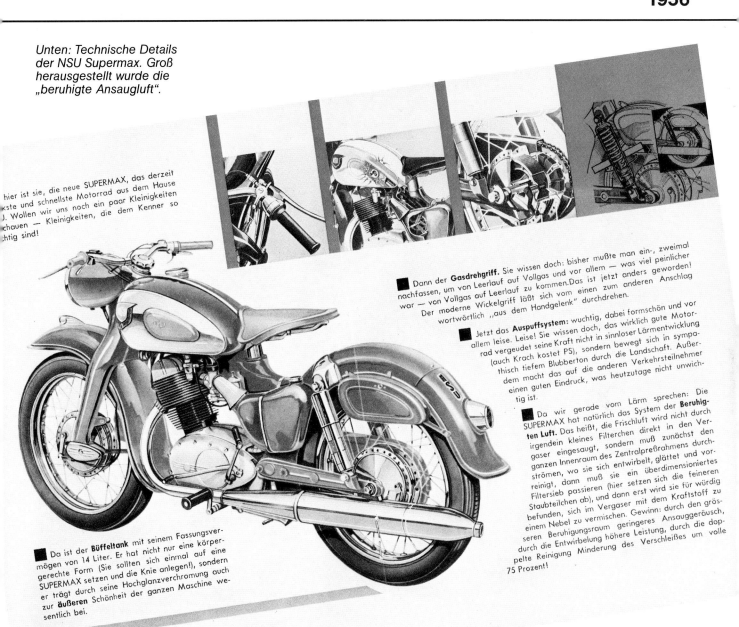

hier ist sie, die neue SUPERMAX, das derzeit ...kste und schnellste Motorrad aus dem Hause ...J. Wollen wir uns noch ein paar Kleinigkeiten ...chauen — Kleinigkeiten, die dem Kenner so ...htig sind!

■ Dann der **Gasdrehgriff.** Sie wissen doch: bisher mußte man ein-, zweimal nachfassen, um von Leerlauf auf Vollgas und vor allem — was viel peinlicher war — von Vollgas auf Leerlauf zu kommen. Das ist jetzt anders geworden! Der moderne Wickelgriff läßt sich vom einen zum anderen Anschlag wortwörtlich „aus dem Handgelenk" durchdrehen.

■ Jetzt das **Auspuffsystem:** wuchtig, dabei formschön und vor allem leise. Leise! Sie wissen doch, das wirklich gute Motorrad vergeudet seine Kraft nicht in sinnloser Lärmentwicklung (auch Krach kostet PS), sondern bewegt sich in sympathisch tiefem Blubberton durch die Landschaft. Außerdem macht das auf die anderen Verkehrsteilnehmer einen guten Eindruck, was heutzutage nicht unwichtig ist.

■ Da wir gerade vom Lärm sprechen: Die SUPERMAX hat natürlich das System der **Beruhigten Luft.** Das heißt, die Frischluft wird nicht durch irgendein kleines Filterchen direkt in den Vergaser eingesaugt, sondern muß zunächst den ganzen Innenraum des Zentralpreßrahmens durchströmen, wo sie sich entwirbelt, glättet und vorreinigt, dann muß sie ein überdimensioniertes Filtersieb passieren (hier setzen sich die feineren Staubteilchen ab), und dann erst wird sie für würdig befunden, sich im Vergaser mit dem Kraftstoff zu einem Nebel zu vermischen. Gewinn: durch den grösseren Beruhigungsraum geringeres Ansauggeräusch, durch die Entwirbelung höhere Leistung, durch die doppelte Reinigung Minderung des Verschleißes um volle 75 Prozent!

■ Da ist der **Büffeltank** mit seinem Fassungsvermögen von 14 Liter. Er hat nicht nur eine körpergerechte Form (Sie sollten sich einmal auf eine SUPERMAX setzen und die Knie anlegen!), sondern er trägt durch seine Hochglanzverchromung auch zur **äußeren** Schönheit der ganzen Maschine wesentlich bei.

Es ist keine Übertreibung

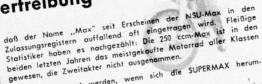

daß der Name „Max" seit Erscheinen der NSU-Max in den Zulassungsregistern auffallend oft eingetragen wird. Fleißige Statistiker haben es nachgezählt: Die 250 ccm-Max ist in den beiden letzten Jahren das meistgekaufte Motorrad aller Klassen gewesen, die Zweitakter nicht ausgenommen.

Wie soll das erst werden, wenn sich die SUPERMAX herumgesprochen hat?

Schon der Name verrät es: Die SUPERMAX von NSU ist eine verbesserte, verfeinerte Ausgabe der Max. Die Maschine hat - das ist die wichtigste Neuerung - Federbeine bekommen. Ferner hat man sich noch einmal mit dem Ölumlauf und der Luftansaugung befaßt und beidem in geradezu raffinierter Weise den letzten Schliff gegeben. Und schließlich ist der Gasdrehgriff gegen den modernen „schnellen" Wickelgriff ausgetauscht worden. Geblieben ist jedoch alles, was der Max zu ihrem unerhörten Siegeslauf auf dem Motorradmarkt (und übrigens auch auf den Geländestrecken) verholfen hat: der 250 ccm Viertaktmotor mit seiner echten Leistung von 18 PS, die Steuerung der Ventile durch den weltberühmt gewordenen ULTRAMAX-Schubstangenantrieb, der unverwüstliche und absolut verwindungssteife Zentralpreßrahmen, die Rennbremsen, der Steuerungdämpfer mit seinem ....

Ach, wissen Sie, alle diese schönen Dinge sind eigentlich viel zu schade, als daß man sie so sang- und klanglos in eine Aufzählung quetschen dürfte. Haben Sie einen Augenblick Zeit für ein richtiges „Benzingespräch" über die SUPERMAX?

Mein Gott, wir kennen ja Ihre Sorgen: Es gibt so viele Motorradtypen heutzutage: dicke und dünne, rote und grüne, hustende und röhrende, ja und natürlich auch billige und teure. Was soll man da wählen? Hier gleich ein Rat: Wenn Sie eine ganz furchtbar billige Maschine suchen und Sie es sowieso gern scheppern hören und Sie außerdem als perfekter Kfz.-Mechaniker dringend Sonntagsbeschäftigung brauchen, dann kaufen Sie lieber **keine** SUPERMAX. Denn die SUPERMAX scheppert nicht, zum Reparieren bietet sie auch kaum Anlaß, und was den Preis anbelangt, so finden Sie vielleicht doch was **noch** Billigeres. Die SUPERMAX, die ist nämlich nicht „billig", die ist „preiswert" - und das ist ein wichtiger Unterschied. Auch darin ist sie das typische Motorrad für den anspruchsvollen, für den sozusagen kultivierten Fahrer.

Da ist einmal der Viertakt-Motor. Der macht nicht „klingeling", sondern „blubb-blubb-blubb-blubb", Takt für Takt, Sekunde für Sekunde, Stunde für Stunde, Jahr für Jahr. Sauber und exakt werden Frischgemisch und Abgase durch die Ventile gesteuert - sauber im Leerlauf wie bei Vollgas, auf gemütlicher Schleichfahrt wie bei sportlich-hochtourigem Drehen. Es geht nun einmal nichts über den Viertaktmotor. Von Störungen durch Temperaturwechsel, schlechte Gemischbildung und dergleichen bleibt er verschont, und obendrein ist er merklich sparsamer. Was bei der Anschaffung das Ventilsystem mehr kostet, holen Sie an gespartem Benzin und Öl bald wieder herein!

1956, so sagte NSU aus, sei die Max das meistgekaufte Motorrad der letzten zwei Jahre gewesen. Die Supermax hatte Neues zu bieten – Federbeine, einen neuen Gasdrehgriff und vieles mehr.

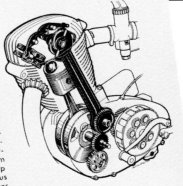

Großen Wert legte man auf die Erklärung, warum die Viertakt-Maschine so viel kultivierter als die Zweitakter sei. Dabei hatte sich eine Zweitakt-NSU stets ausgezeichnet verkaufen lassen . . .

A propos Ventilsystem: Da müssen wir noch einmal auf die ULTRAMAX-Steuerung zu sprechen kommen. Die Idee dazu haben die NSU-Konstrukteure der guten, alten Dampflokomotive abgeguckt. Der Witz bei dieser Art von Ventilantrieb besteht darin, daß die obenliegende Nockenwelle von der untenliegenden Kurbelwelle nicht durch eine Kette oder eine Zahnradkombination oder einen Wellentrieb mit Kronrad (sogenannte Königswelle), sondern durch eine Art Pleuelstange angetrieben wird. Das bedeutet: exakter Kraftschluß, kein Spiel (wie bei Kette und Zahnrad), geringeres Geräusch. Es gibt keinen eleganteren Steuerungsmechanismus als diesen! Auch deshalb sagten wir: Die SUPERMAX ist das Motorrad für den kultivierten Fahrer.

Jetzt kommt etwas sehr Wichtiges, etwas, worauf die NSU-Konstrukteure direkt stolz sind: das verbesserte Schmieröl-Umlauf-System. Zunächst haben sie - und das ist eigentlich selbstverständlich - das bei der Max so bewährte Druckumlaufsystem beibehalten: Das Öl wird nicht nach irgendeinem Tauchprinzip mehr oder weniger wahllos herumgespritzt, sondern es wird aus einem separaten Ölbehälter durch eine Pumpe in genau dosierter Menge an die Schmierstellen herangebracht. Und nun das Neue: Zum ersten Male in der Geschichte der Motorradtechnik hat NSU in diesem Ölkreislauf ein Feinstfilter eingeschaltet. Das Ding nennt sich MICRONIC-Filter. Und das mit Recht, denn es hält selbst die „mikronenhaftesten" Kleinstteilchen bis zu einem Durchmesser von 2/1000 mm (in Worten: zwei tausendstel Millimeter) zurück. Das ist wichtig. Diese feinsten Partikel wirken nämlich wie eine Schleifpaste. An die 30 Gramm von diesem Teufelszeug hält der MICRONIC-Filter im Laufe von 10 000 Kilometer zurück!

Ein paar Worte zum Zentralpreßrahmen. Das ist auch so eine ganz besondere NSU-Erfindung! Mit gutem Gewissen dürfen wir sagen, daß es keine stabilere, gegen Verdrehung und Verwindung oder gar Bruch gesichertere Rahmenkonstruktion gibt als diese. So wie sie das Rückgrat der Max war, so ist sie nun das Rückgrat der SUPERMAX. Und die klare, glatte Linienführung, die sie dem ganzen Motorrad gibt, ist auch nicht zu verachten. Die SUPERMAX ist eben eine Augenweide!

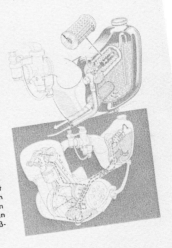

Immer wieder müssen wir es sagen: Was nützt der schönste 18-PS-Motor, wenn das Fahrwerk es nicht erlaubt, diese Leistung auch auf mäßig guter Straße wirklich auszufahren? Wenn die Räder nicht in jedem Falle volle Bodenhaftung behalten? Deshalb bei der SUPERMAX vorn und hinten Schwingachsfederung, des halb vor allem nun die hydraulisch gedämpften Federbeine mit einem Federweg von 75 Millimeter. Je nach Belastung kann man sie ohne Werkzeug von „hart" auf „weich" umschalten. Alles in allem haben wir hier ein Federungssystem, das sich sowohl in Straßenrennen als auch in unzähligen Geländewettbewerben großartig bewährt hat.

Daß die SUPERMAX einen geschlossenen **Kettenkasten** hat, ist ebenso selbstverständlich wie die Ausrüstung mit einem wirklich guten **Schwingsattel**. Worauf die NSU-Leute aber besondere Mühe verwendet haben und was der Fahrer besonders schätzt, das sind die **Bremsen** der SUPERMAX: Trommeldurchmesser vorn und hinten 180 mm, wirksame Bremsfläche 280 qcm! Diese Original-NSU-Rennbremsen tragen — zusammen mit der hydraulisch gedämpften Schwingenfederung und der hervorragenden Sitzposition — dazu bei, daß man die SUPERMAX nicht nur als ein schnelles, sondern vor allem als ein extrem **sicheres** Fahrzeug ansprechen kann.

Und auch diese Trümpfe stechen

Ein Trumpf ist zum Beispiel der **Lenkungsdämpfer** an der SUPERMAX. Da kann man speziell bei Gespannbetrieb die Lenkung ganz dem eigenen Geschmack anpassen. Die einen fahren ja gern mit mehr oder weniger starker Dämpfung, andere lieben einen ganz leichten, lockeren, allein durch die Kreiselkräfte des Vorderrades stabilisierten Lenker. Wie auch immer, die SUPERMAX wird da jedem Wunsch gerecht.

Seitenwagenbetrieb — das ist auch so ein Trumpf! Nun ist es natürlich primitiv, heutzutage bei einer 250 ccm-Maschine noch besonders hervorzuheben, sie sei seitenwagenfest. Eine moderne 250er **muß** einen Seitenwagen vertragen. Gut. Nun fahren Sie aber einmal probeweise ein SUPERMAX-Gespann! Selbst alte Hasen sind immer wieder verblüfft, was man damit machen kann. So etwas Kraftvolles, Robustes und auch bei härtester Schinderei Standfestes, dabei in der Federung Harmonisches findet man nicht gleich wieder bei einem dreibeinigen Fahrzeug. Kein Wunder, daß im Geländesport in der Seitenwagenklasse bis 250 ccm die Max beziehungsweise die SUPERMAX heute geradezu unschlagbar ist, ja daß sich andere Maschinen nur selten noch zum Kampfe stellen.

Ein kleines Trümpfchen: die wunderbar leichte, geradezu elegante Nachstellbarkeit aller vier Bowdenzüge. Das spart manchen Ärger! Da wird nicht erst unten im Dreck oder gar irgendwo in den Eingeweiden herumgefummelt — da dreht man oben am Lenker an einer Rändelmutter, und schon stimmt der

in Christianiablau haben oder im vornehmen Schwarz. In Christianiablau gibt's die SUPERMAX außer mit Chromtank und Chromfelgen auch noch mit doppelteingebranntem Chromspiegeltank in weiß und ebensolchen Felgen (ohne Aufpreis, versteht sich). Das wäre dann sozusagen „Miß NSU", die Schönheitskönigin unter den Motorrädern.

Bitte, wählen Sie!

Laden wieder! Ebenso die elegant saubere Verlegung der Bowdenzüge und die wasserdichte Führung der elektrischen Kabel. Da schlabbert nichts mehr herum — da ist eben sozusagen nichts mehr da!

Wenn Sie vorn auf die Bremse treten, leuchtet hinten ein **Stopplicht** auf. Ein kleiner, aber ein wichtiger Trumpf! Er schont die Nerven des Fahrers ungemein.

Am Lenker der SUPERMAX finden Sie ein kleines Hebelchen, das nicht jede Maschine hat: einen Dekompressor oder richtiger einen **Ventilanheber**. Damit kann man sich das Antreten der Maschine erleichtern. Gewiß, so unbedingt nötig wäre diese Starthilfe nicht. Aber warum soll man sich das Leben nicht bequemer machen, wenn sich die Möglichkeit dazu bietet?

Und unser letzter Trumpf: Die SUPERMAX sticht in mehreren Farben! Sie können sie

Motorsport – noch immer ein faszinierendes Thema. Bei NSU hatte man sich mittlerweile ganz aufs Gelände verlegt – mit ausgezeichneten Erfolgen. In der Werbung zog das stets.

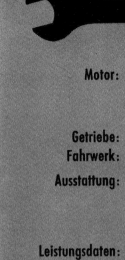

*Von 4500 NSU-Stütz-
punkten sprach man
1956. Es hatte aber
auch Zeiten gegeben, in
denen von 6000 und
mehr die Rede war.*

TECHNISCHE DATEN

Motor:
Luftgekühlter NSU-Einzylinder-Viertakter mit ULTRAMAX-Steuerung · Zylinderinhalt 247 ccm · Leistung 18 PS · Verdichtungsverhältnis 1 : 7,5 · Druckumlaufschmierung · 60 Watt-Lichtbatteriezündung · Kraftübertragung vom Motor zum Getriebe durch geräuscharme, schrägverzahnte Zahnräder · Neuer Ansauggeräuschdämpfer · Motoröl zweifach gefiltert, Mikro-Ölfilter

Getriebe:
Mehrscheiben-Trockenkupplung · Vierganggetriebe

Fahrwerk:
Zentralpreßrahmen · Federung: Schwinge mit Federbeinen, 75 mm Federweg

Ausstattung:
Steckachse vorn und hinten · Räder untereinander austauschbar · Hinterradkette völlig gekapselt · Bequemer Schwingsattel mit langem Federweg · Vollnaben-Rennbremsen vorn und hinten · Bremstrommeldurchmesser 180 mm, an der Oberfläche verrippt · Verstellbarer Steuerungsdämpfer am Lenker · Büffeltank, Inhalt 14 Liter, davon 1,5 Liter Reserve · Bereifung 3,25—19" · Diffusor-Auspufftopf · Neuer Gaskurzdrehgriff (Wickelgriff)

Leistungsdaten:
Spitzengeschwindigkeit ca. 126 km/h · Normverbrauch ca. 3,2 Liter/ 100 km · Leergewicht (betriebsfertig, voll getankt) 174 kg · Beiwagenfest, Anschlüsse vorhanden.

Und was Sie als Käufer einer SUPERMAX ganz umsonst mit-bekommen, das ist ein Kundendienst, wie er in dieser Art nicht gleich wieder geboten wird. 4500 NSU-Vertragswerk-stätten mit speziell ausgebildeten NSU-Mechanikern sind über das ganze Land verteilt, und sogar im Ausland finden Sie immer wieder das blau-weiße NSU-Zeichen. Sie sind also nirgends verlassen, überall sind Sie in guter Hut.

 NSU WERKE AKTIENGESELLSCHAFT NECKARSULM (GERMANY)

DW 2032 150 12633   Buch- und Tiefdruck Horch Neckarsulm   Printed in Germany

Die NSU-Maxi, eine Neuschöpfung für das Jahr 1957, begeistert als kleine Schwester der weltberühmten NSU-Max schon mehr diejenigen unter den Motorradfahrern, die eine sportliche Fahrweise lieben. Mit ihren 12,5 PS hat sie die Leistung eines ausgewachsenen Motorrades, verbraucht aber nur soviel Kraftstoff wie eine leichtere Maschine, außerdem kostet sie wenig Steuer und Versicherung.

Für Liebhaber hat NSU immer noch die bekannte Supermax z. Verfügung. Jeder erfahrene Motorradfahrer weiß, daß es nic allein die erreichbare Geschwindigkeit ist, die an der Ma begeistert, sondern vor allem ihre unglaubliche Beschleur gung, ihre guten Bremsen, ihre überragende Straßenlage un der unbedingt zuverlässige Motor machen sie zu der sicherste Maschine auf der Straße.

NSU-Bilderdienst 1/1957

NSU-Werbung von 1957. Maxi und Supermax stehen im Mittelpunkt. Aber wie lange noch?

Rechts: Ein letzter Superfox-Prospekt, dreifarbig in Blau, Braun und Orange. Fotomontagen haben die fröhlichen Griffel-Illustrationen mittlerweile abgelöst.

Kennen Sie die NSU-Max?

Wer die NSU-Max nicht aus eigener Erfahrung kennt, der hat gewiß schon genug von ihr gehört, — von jener unerhört leistungsstarken Maschine, die in der ganzen Welt Aufsehen erregt ob ihrer bulligen Motorkraft, ihrer rasanten Beschleunigung, ihrer großen Zuverlässigkeit und — nicht zu vergessen — ihrer sprichwörtlichen Anspruchslosigkeit. Wenn man heutzutage von einem überaus guten Motorrad spricht, dann denkt man an die Max

Aber warum sagen wir Ihnen das an dieser Stelle? — Wir sagen es hier, damit Sie den Wert der Supermax richtig schätzen können. Denn den NSU-Konstrukteuren ist es gelungen, die guten Eigenschaften der 250 ccm-Max mit allen maxeigenen Merkmalen auf die kleinere 125 ccm-Superfox zu übertragen. Man kann sagen: Die Superfox ist eine kleine Max!

■ Da ist zunächst der Motor, der unverwüstliche NSU-Viertaktmotor. Die vielen Vorzüge des Viertakters, seine Laufruhe und seine hohe Leistung, seine saubere Verbrennung und exakte Steuerung, seine Sparsamkeit und seine geringe thermische Belastung kommen bei der Superfox voll zur Geltung.

■ Der obengesteuerte Superfox-Motor besitzt - wie die Max - die berühmte Schubstangensteuerung. Die ULTRAMAX-Steuerung, wie NSU sie nennt, bietet einen kraftschlüssigen, spielfreien und geräuscharmen Ventilantrieb über eine obenliegende Nockenwelle. Der ULTRAMAX-Schubstangenantrieb ist voll auswuchtbar.

■ Wie alle NSU-Motorräder wurde selbstverständlich auch die Superfox mit der Beruhigten Luftfilterung ausgerüstet. Die stark wirbelnde, staubgeladene Fahrtwind wird über eine Ansaughutze an der rechten Seite der Maschine ins Innere des Rahmens geleitet, wo der Staub sich niederschlägt und die wirbelnde Luft sich beruhigt, so daß nur noch gereinigte und gleichmäßig fließende Luftströme den Vergaser passieren. Der Verschleiß der Zylinderbahn und Kolbenlaufringe wird durch diese Art der Luftfilterung um 70-75% vermindert.

■ Nach dem bekannten NSU-Bauprinzip erhielt die Superfox eine Vorder- und Hinterradschwingachse. Vorn unterstützen zwei hydraulische Stoßdämpfer die vorgespannte Doppelfeder, hinten stützt sich das Hinterrad über eine vorgespannte Zentralfeder gegen den Rahmen ab. Mit Hilfe der neuartigen „vorgespannten" Federung gelang es, den Federweg beträchtlich zu vergrößern. Das Gewicht des Fahrers nimmt nicht einen Teil des Federwegs — bei der Superfox wurde das Gewicht des Fahrers vorbedacht. Die Superfox-Federung setzt erst dann ein, wenn der Fahrer schon im Sattel sitzt.

■ Die Superfox hat als Viertakter einen gesteuerten, genau dosierten Ölkreislauf, der alle Schmierstellen unter dem Druck der Ölpumpe zwangsläufig mit Öl versorgt. Auf seinem Weg durch den Motor wird das Öl bei der Superfox dreifach gefiltert. Es leuchtet ein, daß durch diese Sicherungsmaßnahme die Lebensdauer des Superfox-Motors und seine Zuverlässigkeit beträchtlich gesteigert werden. Ein weiterer Vorteil des Superfox-Separat-Ölsystems ist die unbedingte Sauberkeit des gesamten Motorblocks, insbesondere der Vergaserpartie. Kein Treibstoff-Öl-Mixen.

Der erste Eindruck täuscht – ganz bewußt. Denn nicht von der Max ist hier die Rede, sondern von der Superfox. Aber sie hat unbestritten (fast) alles, was die NSU Max auch hat.

Als moderne Maschine besitzt die Superfox den schwingungstechnisch erforschten Zentralpreßrahmen. Er ist — die Max beweist es immer wieder im härtesten Geländebetrieb — von außergewöhnlicher Stabilität und Verwindungsfreiheit. Nach langem Fahrbetrieb, nach 50, 70 und 100 000 Kilometer, merkt man es erst so richtig: Die Maschine spurt wie am ersten Tag. Der Zentralpreßrahmen verleiht außerdem dem Fahrzeug eine formschöne, moderne Linie. Seine glatten Flächen sind — auch das freut die Fahrer — leicht zu reinigen.

Bremsen sind das Gewissen eines Motorrades. Zu einer so modernen und schnellen Maschine wie der Superfox gehören selbstverständlich die besten Bremsen, die man bauen kann. Genau so wie die Max erhielt auch die Superfox die von den Weltmeistermaschinen abgeleiteten Rennbremsen, die mit ihrer überdimensionierten Bremsfläche dem Fahrer größte Sicherheit bieten. Sie arbeiten bei kräftiger Wirkungsweise weich und ruckfrei.

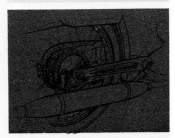

Auch ein sehr leistungsstarkes, sportliches Motorrad braucht keinen höllischen Krach zu veranstalten. Die Superfox hat eine niedrige Phonzahl — sie ist ruhig und angenehm im Klang. Auch im Leerlauf, also mit ganz wenigen Touren läuft der Superfox-Motor ohne sich zu verschlucken oder unrund zu brubbeln. Das ist der Vorteil der exakten Gasführung.

Großen Beifall findet auch der hochmoderne, geprägte Profillenker, der in der Mitte ein geschmackvolles, farbiges Wappen trägt. Mit dem Profillenker gelang es dem Konstrukteur, alle Kabelzüge unsichtbar zu verlegen. Die Superfox macht nicht nur am Lenker, sondern im ganzen einen aufgeräumten Eindruck.

Die Superfox hat ein nach Rennerfahrungen prächtig abgestuftes Vierganggetriebe, mit dem der Fahrer allen Geländeverhältnissen spielend gerecht wird. Die Superfox läßt sich leicht schalten. Nach einigen Kilometern fühlt man sich auf ihr zu Hause.

Übrigens: Beim Kauf einer Superfox müssen Sie sich nicht mit einer Einheitsfarbe begnügen: Die Superfox gibt es — außer in Schwarz — noch in einem sehr schicken, geschmackvollen Christianiablau, — ohne Aufpreis.

Um noch einmal darauf zurückzukommen: Die Leistungen der Superfox sind unerhört. Mit ihren 8,8 PS erreicht sie die Leistung mancher 175- und sogar mancher 200 ccm-Maschine. Die Superfox läuft gute 95 km/h. Der Motor ist elastisch und anspruchslos. Über seine Robustheit und Zuverlässigkeit und auch über seine Sparsamkeit braucht man nicht zu reden — das Beispiel der größeren Max spricht eine deutliche Sprache.

Interessante Einzelheiten

Motor: Luftgekühlter NSU-Einzylinder-Viertaktmotor mit ULTRAMAX-Steuerung; Zylinderinhalt: 123 ccm; Verdichtungsverhältnis 1 : 7,8; Leistung 8,8 PS; Beruhigte Luftfilterung mit Ansauggeräuschdämpfung; Druckumlaufschmierung mit doppelt wirkender Zahnradpumpe; Spezial-Ölfilter; 45 Watt-Lichtbatteriezündung; Kraftübertragung vom Motor zum Getriebe durch geräuscharme, schrägverzahnte Zahnräder.

Getriebe: Viergang-Blockgetriebe mit Fußschaltung.

Kupplung: Mehrscheiben-Trockenkupplung (von außen zugänglich).

Fahrwerk: Zentralpreßrahmen; Fahrer und Sozia vierfach gefedert, Schwingachsen mit vorgespannter Federung vorn und hinten.

Ausstattung: Moderner Profilpreßlenker, Steckachse vorn und hinten, Räder untereinander austauschbar; Hinterradkette völlig gekapselt (vielfache Lebensdauer); bequemer Schwingsattel mit langem Federweg; Vollnaben-Rennbremsen vorn und hinten (Bremstrommel-Durchmesser 140 mm); Farben: Schwarz und Christianiablau.

Leistungsdaten: Spitzengeschwindigkeit 95 km/h; Normverbrauch: 2,7 Liter/100 km; Eigengewicht: 116 kg (ohne Treibstoff und Öl).

Die große Max

unerreicht im Gelände und im Straßenrennsport, Weltmeister der 250 ccm-Klasse 1955

Sonntag für Sonntag finden in Deutschland, solange die Saison im Gange ist, schwere Zuverlässigkeitswettbewerbe und Geländefahrten statt. Das Ergebnis all dieser Fahrten: Gegen die NSU-Max ist kein Kraut gewachsen. — Und bei den ersten schweren Geländeprüfungen 1956 hatte die Superfox Gelegenheit, es zu beweisen: Sie steht ihrer großen Schwester, der erfolgreichen NSU-Max, in nichts nach. Bei den bis jetzt durchgeführten Geländefahrten war die NSU-Superfox jedesmal Klassensieger der 125 ccm-Klasse.

Die Superfox besitzt die gleichen Merkmale wie die erfolgreiche Max: den Zentralpreßrahmen, den obengesteuerten Viertaktmotor mit ULTRAMAX-Steuerung; die Beruhigte Luftfilterung und die Rennbremsen. Kein Wunder also, daß die Superfox — eine Nummer kleiner — dieselben Eigenschaften hat wie die berühmte Max.

Daß H. P. Müller auf seiner einfachen, aus der Serie entwickelten Sportmax 1955 Weltmeister der 250 ccm-Klasse wurde, wissen Sie ja.

Bei Rolf Italiaander war es weniger der sportliche Ehrgeiz, der ihn diese gewagte Reise durch Afrika unternehmen ließ, als vielmehr sein Forscherdrang und seine Suche nach neuem Studienmaterial. Unser Bild zeigt das Maxgespann innerhalb eines Negerkrals. Rolf Italiaander ist gerade dabei, das aufgeregte Geschnatter der Dorfjugend auf Tonband festzuhalten. Vor einigen Monaten kehrte der Forscher gesund und wohlbehalten mit seiner Maschine und einem Seitenwagen voll neuen Materials in seine Heimatstadt Hamburg zurück.

NSU-Bilderdienst 3/1957

Kleiner Irrtum,
lieber Leser:

**Zwei Räder — ein Lenker — etwas zum Sitzen...
Ein bißchen Motor! Und schon kann sie flitzen!**

„NSU? — Nicht ohne mich, meine Herren!"
Nein, ohne ihn, den bewährten Facharbeiter,
geht es nicht. Und gleich ihm gehen Tausende
seiner Kollegen für NSU durch dick und dünn.

Lieber Leser!
Unser Zeichner hat es leicht, er fabriziert Motorräder aus dem Handgelenk. Aber ganz so einfach ist die Sache in der Praxis nun doch nicht. Sie können sich darauf verlassen: Von den 194 706 Maschinen, die bei NSU im Jahre 1955 gebaut wurden, haben wir uns nicht eine einzige aus dem Ärmel geschüttelt.
Sie haben es schon oft gehört, daß die Technik der Menschheit immer wieder neue Geschenke macht. Den Technikern selbst wird nichts geschenkt. Jedes neue Modell kostet einsame Nächte im Konstruktionsbüro, zahllose Versuche, umfangreiche Arbeitsvorbereitungen. Und es kostet drei Millionen Mark, bis die Nummer 1 einer Serie vom Fließband rollt. Denn jede neue Serie hat ja das Ziel: Noch besser — billiger — bequemer sollen Sie fahren auf NSU, und — falls Sie Wert darauf legen — auch noch schneller. Aber von all dem wollen wir nicht reden. Wir wollen überhaupt nicht viel reden, wir wollen Ihnen zeigen, wie's gemacht wird! Wir laden Sie ein zu einem Rundgang durch das große NSU-Werk. Die Leute von NSU sind es gewöhnt, Besuche am laufenden Band zu empfangen! Also:

Herzlich willkommen bei NSU!

Links: Der damals sehr bekannte Reisejournalist Rolf Italiaander fuhr mit einer NSU samt großem Seitenwagen Tausende von Kilometern durch Afrika. Seine Max wies nur geringfügige Modifikationen (so einen höhergelegten Auspuff) gegenüber der Serie auf und bewährte sich ganz ausgezeichnet.

Oben: Aus einer Broschüre über das Werk in Neckarsulm. Das Heft trug den Titel „So geht es zu bei NSU" (siehe auch nachfolgende Seiten).

73

Es funkt tadellos mit der modernen Stumpf-schweißmaschine! Die Feuertaufe ist aber nicht ganz so gefährlich, wie sie aussieht.

Dieselbe Maschine, diesmal ohne Feuerzauber. Eisern schweißt sie eine Naht von 2300 mm Länge in 15 Sekunden fest zusammen. So schnell schafft kein Schneider!

Zur Schwergewichtsklasse zählen die riesigen Spezial-Stanzmaschinen. Mit ihrem Druck von 600 t fallen sie auch bei der Herstellung der bewährten NSU-Zentralpreßrahmen entscheidend ins Gewicht.

Bilder aus der Motorradfertigung in Neckarsulm, aufgenommen Mitte der fünfziger Jahre.

Glänzend geht's bei NSU an diesem 25 Meter langen Automaten, der die blanken Teile reihum wäscht, vernickelt, spült, säubert, dann verchromt und zum Schluß wieder mehrfach spült.

Große Flächen, wie etwa die Prima-Beinverkleidung, werden im Tauchverfahren lackiert.

Wenn er's nicht fühlt! Bevor die Teile in die Maschinen eingebaut werden, wird jedes einzelne Stück noch einmal mit Fühl-Uhren und modernsten Meßinstrumenten nachkontrolliert.

Eine Kettenreaktion sozusagen, ausgelöst durch die starke Nachfrage nach NSU-Quicklys! Bei diesem Lackierverfahren sind Tanks und Farbe elektrisch geladen und ziehen sich gegenseitig an. Kein Abtropfen, kein Farbverlust.

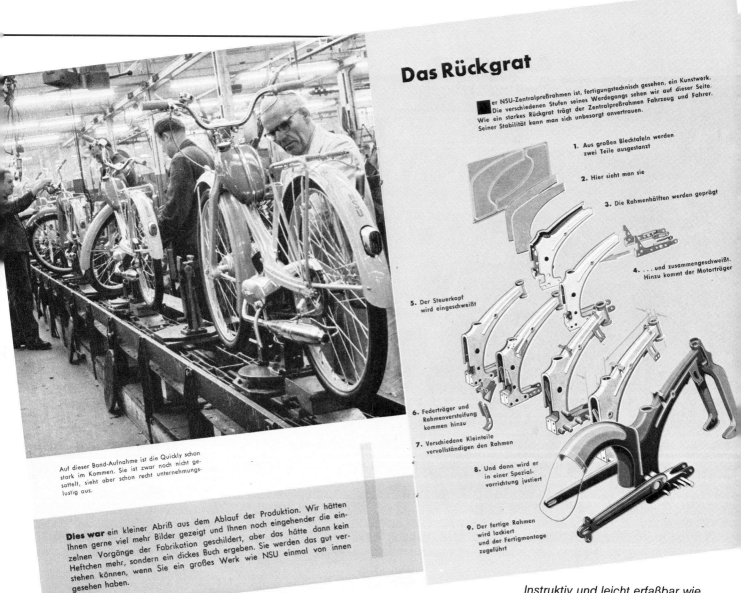

Auf dieser Band-Aufnahme ist die Quickly schon stark im Kommen. Sie ist zwar noch nicht gesattelt, sieht aber schon recht unternehmungslustig aus.

Dies war ein kleiner Abriß aus dem Ablauf der Produktion. Wir hätten Ihnen gerne viel mehr Bilder gezeigt und Ihnen noch eingehender die einzelnen Vorgänge der Fabrikation geschildert, aber das hätte dann kein Heftchen mehr, sondern ein dickes Buch ergeben. Sie werden das gut verstehen können, wenn Sie ein großes Werk wie NSU einmal von innen gesehen haben.

Das Rückgrat

■er NSU-Zentralpreßrahmen ist, fertigungstechnisch gesehen, ein Kunstwerk. Die verschiedenen Stufen seines Werdegangs sehen wir auf dieser Seite. Wie ein starkes Rückgrat trägt der Zentralpreßrahmen Fahrzeug und Fahrer. Seiner Stabilität kann man sich unbesorgt anvertrauen.

1. Aus großen Blechtafeln werden zwei Teile ausgestanzt

2. Hier sieht man sie

3. Die Rahmenhälften werden geprägt

4. . . . und zusammengeschweißt. Hinzu kommt der Motorträger

5. Der Steuerkopf wird eingeschweißt

6. Federträger und Rahmenversteifung kommen hinzu

7. Verschiedene Kleinteile vervollständigen den Rahmen

8. Und dann wird er in einer Spezialvorrichtung justiert

9. Der fertige Rahmen wird lackiert und der Fertigmontage zugeführt

Instruktiv und leicht erfaßbar wie stets ist auch diese Information in Sachen Rahmen-Fabrikation. Rechts das Programm 1956.

Auf einen Blick

zeigen wir Ihnen hier das NSU-Bauprogramm 1956. Von der 50-ccm-Quickly über die Superfox bis zur starken 250-ccm-Max, von der bewährten Lambretta bis zur eleganten Prima bietet NSU seinen Kunden für jeden Zweck ein geeignetes Fahrzeug.

NSU-Quickly, das Rädchen für alles, treu wie Gold. Die NSU-Quickly wurde im Handumdrehen Deutschlands meistgekauftes Moped. 49-ccm-NSU-Zweitaktmotor · Im Stand anzutreten · Zweiganggetriebe mit Drehgriffschaltung · Beruhigte Luftfilterung · Zentralpreßrahmen · Echte Motorradbremsen · Überragende Bergsteigeleistung · Führerschein-, steuer- und zulassungsfrei.

Für die Quickly hat NSU eine Schmutzschutzverkleidung (Bild oben) entwickelt, die an jede Quickly — auch nachträglich — montiert werden kann. Sie besteht aus Beinschild und Vorder- und Hinterradseitenblenden. Außer der Standard-Quickly und dem Quickly-Schmutzschutz baut NSU noch die Quickly-S, die Quickly in Spezialausführung mit serienmäßig eingebautem Tacho, Seitenstütze, Vorder- und Hinterradverkleidung, Satteltank mit 4,5 Liter Inhalt und Chromfelgen.

NSU-Superfox, die Maschine, auf die Tausende von Fahrern warten: das schnelle und zuverlässige, hochmoderne 125-ccm-Motorrad mit dem unverwüstlichen NSU-Viertaktmotor. Die letzten Erkenntnisse des Fahrzeugbaus wurden bei der neuen Superfox verwirklicht: Zentralpreßrahmen, Beruhigte Luft, ULTRAMAX-Ventilsteuerung. Weitere Überraschung: Die Superfox wurde mit der neuartigen „vorgespannten Federung" ausgerüstet, mit deren Hilfe es gelang, den Federweg beträchtlich zu vergrößern. 8,8 PS, etwa 100 km/h, 2,7 Liter/100 km

NSU-Max, der Primus seiner Klasse aus der NSU-Schule. Mit der Max gelang den NSU-Konstrukteuren ein ganz großer Wurf, denn in den Weltmeisterschaftsläufen der letzten Jahre stellte die Max alles in den Schatten. Die NSU-Max ist eine Maschine ganz nach Wunsch: Luftgekühlter 250-ccm-NSU-Einzylinder-Viertaktmotor mit ULTRA-MAX-Steuerung · 17 PS · Höchstgeschwindigkeit 126 km/h · Normverbrauch 3,2 Liter/100 km · Viergang-Blockgetriebe · Schwingachsfederung vorn und hinten · Vollnaben-Rennbremsen · Beruhigte Luft · Zentralpreßrahmen · Beiwagenfest.

NSU-Lambretta Der Motorroller mit den entscheidenden Vorzügen: Elektrischer Starter, Motor turbinengekühlt (wie beim VW), hervorragende Straßenlage durch zentral gelagerten Motor und überdimensionierte 4·8"-Reifen, viel Beinraum für Fahrer und Sozia (kein störender Tunnel), vier Farben zur Wahl: Jadegrün, Mitroparot, zweifarbig Grau und Schwarz. Soziasitz und Reserverad im Preis einbegriffen. Die Lambretta ist mit Abstand Deutschlands meistgefahrener Motorroller. 150 ccm · 6,2 PS · 31,5% Bergsteigevermögen mit zwei Personen · 80 km/h Höchstgeschwindigkeit · 2,7 Liter/100 km.

NSU-Prima Ein Motorroller mit allen Schikanen! Eine Weiterentwicklung der berühmten NSU-Lambretta, Deutschlands meistgefahrenem Motorroller! — Die neue NSU-Prima ist ganz auf Komfort angelegt: Armaturenbrett wie beim Auto mit Großflächentacho, Ladekontroll-Licht, elektrischer Treibstoffanzeige, Profilpreßlenker (alle Kabelzüge verdeckt), reiche Chromausstattung, viel Platz (Sozia-Trittleisten noch um 48% verbreitert); serienmäßig: Soziasitz, Reserverad, Gepäckträger, Chromausstattung. Starker 150-ccm-Motor mit 6,2 PS und Turbinenkühlung · 31,5% Bergsteigevermögen mit zwei Personen · 80 km/h Höchstgeschwindigkeit · Elektrischer Anlasser · Dreiganggetriebe · Normverbrauch 2,7 Liter/100 km.

Eine geschlossene Gesellschaft bildeten
die NSU-Fahrer mitunter in ihrer Überlegenheit, wie hier auf dem Schottenring
1954. Hinter der schnellen Vorausabteilung von NSU kam oft lange Zeit nichts.

Bei den Zuverlässigkeitsfahrten beherrschte die
NSU-Max das Gelände. Von der Internationalen
Sechstagefahrt brachten die NSU-Fahrer von
allen teilnehmenden deutschen Fabrikaten die
meisten Goldmedaillen heim. Die Überlegenheit der NSU-Max — insbesondere als Seitenwagenmaschine — ist so groß, daß die Konkurrenten kaum mehr anzutreten wagen. Der deutsche Geländemeister der Seitenwagenklasse bis
250 ccm, Sautter/Piwon, fährt selbstverständlich
eine Max.

VORN IM RENNEN

Reden wir mal kurz vom Sport: NSU
fuhr im Jahre 1955, wie wir wissen,
keine Rennen. Trotzdem errang Privatfahrer Hans Baltisberger auf der serienmäßigen NSU-Sportmax die Deutsche Meisterschaft in der Klasse bis
250 ccm. Auch der Zweite und Dritte in
der Deutschen Meisterschaft — H. P.
Müller und Wolfgang Brand — fuhren
eine Sportmax.
Und was man nicht für möglich halten
sollte: Auf seiner einfachen NSU-Sportmax — Ultramax-Schubstangenantrieb
wie bei der Serienmaschine — errang
H. P. Müller gegen schwere Werkskonkurrenz die Weltmeisterschaft in der
250-ccm-Klasse. Das hat es noch nicht
gegeben. Mit diesem neuen Weltmeistersieg stand NSU zum fünften Male
hintereinander auf der Weltmeisterschaftsliste.

1953: Werner Haas (125-ccm-Rennfox)
      Werner Haas (250-ccm-Rennmax)
1954: Rupert Hollaus (125-ccm-Rennfox)
      Werner Haas (250-ccm-Rennmax)
1955: H. P. Müller (250-ccm-Sportmax)

Das muß man sich einmal vorstellen:
Mit einer Maschine, die gar nicht dazu
bestimmt ist, bei den großen internationalen Weltmeisterschaftsläufen mitzumachen, besiegte H. P. Müller 1955 die
schwere, italienische Konkurrenz, die mit
echten Werksrennmaschinen an den Start
ging. Die NSU-Sportmax, die weitgehend der Serienmax gleicht, zeichnet
sich durch einen bulligen, robusten Motor und durch hervorragende Straßenlage aus.

*Motorsport-Erfolge auf NSU, bis
zuletzt ein Thema voller Superlativ-Aussagen. Rechts: Kleine
Firmenchronik, aufgezeichnet von
Rudolf Griffel.*

Vom Start bis in die Gegenwart

Ein paar Kilometer NSU-Geschichte

1873

Just in jenem Jahr, da auf unserem Stern die erste Weltwirtschaftskrise und die letzte Hexenverbrennung in Szene gingen, da die Deutschen die Mark-Pfennig-Rechnung einführten und die Berliner Siegessäule aufstellten, gründeten zwei Schwaben namens Christian Schmidt und Heinrich Stoll die Neckarsulmer Strickmaschinen-Fabrik.

1886

Weil's mit dem Stricken zu langsam ging, warfen sich die Inhaber auf Fahrräder, um Kilometer wegzuhäkeln. Der Sprung vom Strickstuhl in den Fahrradsattel läßt sich bis heute nicht verleugnen: NSU-Fabrikate blieben bis auf den heutigen Tag bestrickend.

1889

Sechzig Arbeiter brachten bereits 200 Räder ins Rollen. NSU stellte die ersten Schwarzfahrer, denn zu Beginn wurden die Hochräder von Negern eingefahren. Als man das Niederrad entwickelt hatte, übernahm der Direktor das Einfahren persönlich. NSU-Chefs waren schon immer in allen Sätteln gerecht.

NSU baute sein erstes Motorrad, „dreipferdig für nervenstarke Fahrer", wie der Werbechef verriet.

1892

1909

Die Fabrikation von Weltrekorden wurde nun auch aufgenommen. Otto Lingenfelder fuhr auf seiner 7,5-PS-Maschine 124 km/h.

1914

NSU ist gut gewachsen: Bereits 12 000 Fahrräder, 3600 Motorräder, 432 Kraftwagen jährlich.

1929

„Alles fließt", sagte Heraklit schon 500 Jahre vor Christo. Befeuert durch den alten Griechen, führt nun auch NSU die Fließbandarbeit in der Motorradherstellung ein.

1936

Geburtsjahr der NSU-Quick, die als billigstes Motorrad der Zeit den damaligen Markt erobert.

Panne auf der ganzen Linie: Im März des letzten Kriegsjahres wurden die Werksanlagen durch Fliegerangriff stark zerstört.

1945

1949

Geburtsjahr der NSU-Fox mit Zentralpreßrahmen. NSU-Wachstum stark beschleunigt: Bereits wieder 3000 Arbeiter.

NSU drückt auf Tempo: Absoluter Geschwindigkeitsweltrekord für Motorräder mit 290 km/h, aufgestellt von Wilhelm Herz auf 500-ccm-Kompressor-Maschine. Absoluter Weltrekord für Seitenwagen mit 248 km/h durch Hermann Böhm.

1951

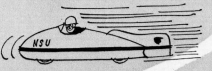

1953 1954 1955

Fünf Weltmeistertitel, sechs Deutsche Meistertitel für NSU. Erfolgreichste Rennsaison seit Bestehen. Ganz groß ist NSU geworden: 6200 Arbeitskräfte, über 200 000 Maschinen Jahresproduktion. Damit liegt NSU an der Spitze aller Zweiradfabriken des Kontinents.

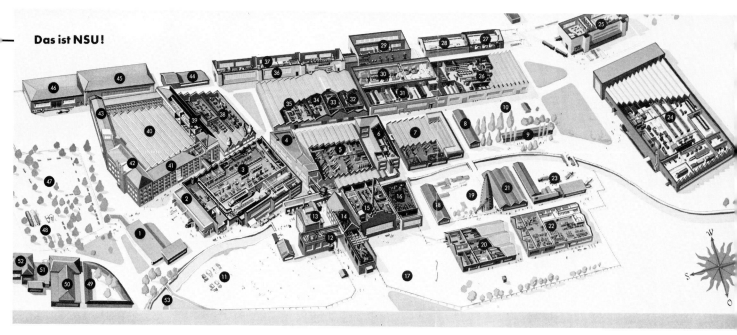

Das ist NSU!

Darstellung der NSU-Werksanlagen 1956.
Die Ziffern bedeuten:

1 Werkseingang und Ausstellungshalle
2 Pkw-Garage und Feuerwehr
3 Werkzeugbau
4 Personalabteilung, Betriebsrat
5 Zentralabteilung I (Schleiferei, Bohrerei und Automatenabteilung)
6 Lehrwerkstatt
7 Zentralabteilung II (Automatenabteilung, Bearbeitung)
8 Kleine Montagehalle
9 Halle für Arbeitsvorbereitung
10 Platz für Betriebsversammlungen
11 Parkplatz für Pkw
12 Tor II
13 Kesselhaus
14 Gaswerk
15 Härterei und Zentrallager
16 Schmiede (Nabenkörper)
17 Parkplatz für Pkw, Motorräder und Fahrräder
18 Lagerhaus, Farben, Öle usw.
19 Lagerplatz
20 Instandhaltung, Modellbau, Schreinerei
21 Lagerschuppen, Glaserei
22 Versuchs- und Rennabteilung
23 Lkw-Garagen
24 Neue Montagehallen, Fahrrad-, Quickly-, Max-, Prima- und Lambretta-Band, Rahmenfertigung. Beizerei, Lackiererei und galvanische Abteilung
25 Versandhalle, Export, Einfahrkabinen
26 Motorenfertigung (Fertigungsstraße)
27 Gießerei
28 Materiallager (Aluminium)
29 Schweißerei
30 Stanzerei
31 Materiallager, Eisen, Bleche

32 Bearbeitungshalle
33 Gesenkschmiede
34 Bearbeitungsmaschinen
35 Bearbeitungsmaschinen
36 Schweißerei
37 Flaschnerei
38 Zahnradbearbeitung
39 Verwaltungsgebäude, techn. Direktion, Einkauf
40 Reparatur, Teileversand
41 Direktion, Verwaltungsgebäude
42 Verwaltungsgebäude, Verkauf
43 Kundendienstschule
44 Kleines Kesselhaus
45 Lagerhaus, Ersatzteile usw.
46 Eingangslager, Reparatur
47 Grünanlagen
48 Parkplatz
49 Wandelhalle
50 Großes Kasino mit Saal
51 Küche
52 Kleines Kasino
53 Fluß Sulm, der zusammen mit dem Neckar der Stadt den Namen gab.

Der Motorsport wurde bei NSU stets großgeschrieben. Vor dem Kriege wurde auf Motorrädern dieser Marke bereits ganz hervorragende Erfolge herausgefahren; hernach waren es Männer wie Rupert Hollaus, Wilhelm Herz oder Werner Haas, die Bestleistungen erbrachten. Haas wurde 1953 auf NSU Weltmeister in der 125-ccm-Klasse, ebenfalls bei den 250ern wie auch 1954. 1955 löste ihn H. P. Müller ab. Der Österreicher wurde 1954 in der 125-ccm-Klasse Champion. Haas und Hollaus wurden 1954 sogar TT-Sieger. Auch Rekordfahrten wurden auf

NSU erfolgreich bestritten, etwa durch Gustav Adolf Baum, H. P. Müller oder Wilhelm Herz, 1956 in Bonneville/Utah mit 350- und 500-ccm-Maschinen. Eine große Anzahl authentischer Rennmaschinen existiert noch heute dank der Initiative ehemaliger Werksfahrer und Sammler. Das Neckarsulmer Zweiradmuseum hat stets eine ganze Anzahl besonderer Exponate in seinen historischen Räumen ausgestellt.

Der Lauf der 350 ccm-Maschinen wurde von Fachleuten „Das Rennen des Jahres" genannt. In der Tat war dieses Rennen, das soeben, wie man auf dem Bild sieht, beginnt, mit Spannung geladen. Wird es NSU gelingen, die Deutsche Meisterschaft auch in dieser Klasse zu erringen? Am 1. August, beim Meisterschaftslauf in Nürnberg, also weit in der zweiten Hälfte der Rennsaison, entschloß sich NSU, auch in der 350 ccm-Klasse an den Start zu gehen, um dort zu beweisen, was NSU-Maschinen zu leisten vermögen. Dabei darf man nicht vergessen, daß die Konkurrenzmaschinen über den vollen Hubraum von 350 ccm verfügen, während die NSU-Rennmäxe nur 288 ccm besitzen. In Nürnberg siegte H. P. Müller auf seiner zuverlässigen 4-Takt-Rennmax vor Werner Haas, und auch in Schotten war H. P. Müller erfolgreich. Die Eilenriede mußte die Entscheidung bringen. Auf diesem Bild sehen wir H. P. Müller (90), Werner Haas (66), Rupert Hollaus (68), Walter Reichert (67). Die Zuschauer mögen es bedauert haben: Es kam nicht zu dem großen dramatischen Kampf, den man erwartet hatte, denn die NSU-Fahrer distanzierten mit ihren leistungsstarken 4-Takt-Rennmäxen ihre Gegner so, daß diese schon nach wenigen Runden weit abgeschlagen zurücklagen. Sieger wurde H. P. Müller auf 288 ccm-4-Takt-Rennmax vor Werner Haas.

W A N N   S T A R T E S T   D U   A U F   N S U ?

Eilenriede-Rennen 5. September 1954

Ein Schlußrennen schließt traditionsgemäß die Sechstagefahrt ab. Die durch 1740 Kilometer Geländefahrt strapazierten Maschinen fielen dabei zum Teil buchstäblich auseinander. Von 248 am ersten Tag gestarteten Teilnehmern brachten nur 115 ihre Maschinen ans Ziel. Beide NSU-Mannschaften kamen strafpunktfrei aus dem Gelände und beendeten auch das Rennen in den vorgeschriebenen Zeiten.

Die Max ist einfach nicht kleinzukriegen, stellte man fest. Von 36 gemeldeten Fabrikmannschaften haben es nur 4 geschafft, strafpunktfrei am Ziel anzukommen; NSU war die einzige Firma, die ihre beiden teilnehmenden Mannschaften ohne Strafpunkte durchbekam! Die N S U - Max war die Maschine der Sechstagefahrt, die am meisten beeindruckte.

NSU-Bilderdienst 8/1955   Foto: Woda

3

Das ist Horst Kassner aus Schwabhausen, der 20-jährige Deutsche Meister der 250 ccm-Klasse auf NSU-Sportmax. Er hatte es nicht leicht, den Deutschen Meister-Titel zu erringen, denn die Konkurrenz in der 250 ccm-Klasse war groß. Unser Bild zeigt ihn nach seinem Sieg beim dritten und letzten Lauf zur Deutschen Straßenmeisterschaft in Nürnberg am 21. Juli 1957.

Deutscher Meister der 350 ccm-Klasse wurde — wie nicht anders zu erwarten war — Hellmut Hallmeier, Nürnberg, auf seiner — auf 300 ccm aufgebohrten — NSU-Sportmax. Auch er holte sich die letzten Punkte, die ihm zum Deutschen Meister noch fehlten, am 21. Juli beim Internationalen Norisringrennen in Nürnberg. Das Sportjahr 1957 hat es wieder einmal gezeigt: Gegen die Max ist kein Kraut gewachsen.

NSU-Bilderdienst 5/1957

④

Bei Amerikas schwerster Geländefahrt, der zweitägigen Jack Pine-Zuverlässigkeitsfahrt in Michigan, die über 500 Meilen schwierigsten Geländes verläuft, war eine NSU-Maxi Gesamtsieger aller Klassen. Der NSU-Händler John Penton aus Lorain, Ohio, fuhr seine Maxi mit einer solchen Bravour, daß den Zuschauern bisweilen der Atem stockte.

NSU-Bilderdienst 8/1958

5

Erwin Schmider aus Wolfach (Schwarzwald) war in diesem Jahr wieder der erfolgreichste Geländefahrer der 350er Klasse. Mit seiner 300 ccm-Max wurde er wie im vergangenen Jahr wiederum Deutscher Geländemeister. Seit seiner Teilnahme am Geländesport im Jahre 1956 erkämpfte er sich nicht weniger als 43 Goldmedaillen, darunter sind Medaillen aus schwersten internationalen Veranstaltungen. – Das Bild zeigt, wie der wackere Schwarzwälder einen Steilhang nimmt.

Deutscher Meister der Straßenrennen in der Klasse bis 250 ccm wurde in diesem Jahr Horst Kassner auf NSU-Sportmax. Sie entsinnen sich: 1955 stellte NSU für interessierte Privatfahrer einige Sportmäxe her. Diese Maschinen waren praktisch frisierte Serienmäxe, die auf eine Leistung von ca. 30 PS gebracht waren. Noch heute, nach vier Jahren, sind die Sportmäxe die schnellsten und zuverlässigsten Sportmaschinen. Sie sind eben von NSU.

WÖRNER

NSU-Bilderdienst 7/1959

❷

NSU-Motorräder in der Presse

Es begann mit einer Premiere in mehrfacher Hinsicht. Im ersten Nachkriegsheft der von Paul Pietsch und Ernst Troeltsch in Freiburg wiedergegründeten Zeitschrift *Das Motorrad* drehte sich im August 1949 ab Seite 7 alles um die gerade in Produktion gegangene erste deutsche Nachkriegs-Neukonstruktion, die NSU Fox. Der alte und neue Chefredakteur, Gustav „Gussi" Mueller und Helmut Werner Bönsch – in den dreißiger Jahren erster Verfechter technisch seriöser Testmethoden –, berichteten über die erstaunliche Maschine. Mueller: „Fahrgestell restlos gelungen. Für die noch nicht an Hinterradfederung Gewöhnten: Eine Hirafe macht aus einer schlechten Straße auch kein Parkett, aber sie gibt eine unglaubliche Sicherheit beim Bremsen, weil das Hinterrad am Boden bleibt." Über den Motor konnte er sich ebenfalls nur lobend äußern: „Zweimal ca. 8 km bei brütender Mittagshitze mit Vollgas und ca. 80–82 km/std. machte der Motor klaglos neben der sonstigen Hetzerei mit und blieb dabei äußerlich völlig trocken. Nur die vor mir gefahrene Maschine ferkelte am Getriebe, schuld offensichtlich ein nicht ganz einwandfreier Entlüfter, ein Fehler, der in der Serie schon abgestellt wurde."

H. W. Bönsch: „Nach Prüfstandsversuchen gibt der kleine Fox-Motor seine Leistung von ca. 5,8 PS bei N = 6250 U/min ab. Die Versuchsmaschine war mit 1:8,52 offensichtlich viel zu knapp übersetzt, erreichte sie doch bei 80 km/std. gerade 6100 U/min. Nach einer Korrektur auf 1:9,08 (zwei Zähne mehr auf dem Hinterradzahnkranz) erreichte die Maschine etwa 76 km/std. aufrecht sitzend und damit ziemlich genau den Wert des theoretischen Optimums." Bönsch erläuterte genau die Gefahrlosigkeit hoher Drehzahlen aufgrund geringer Kolbengeschwindigkeiten und geringer Massenkräfte sowie den Vorteil des einfachen Schmiersystems mit der sofortigen Ölversorgung wichtiger Teile unmittelbar nach dem Anwerfen des Motors. Den Kraftstoffverbrauch ermittelte er

Titelseite von DAS MOTORRAD, Ausgabe August 1949.

je nach Beanspruchung auf 2 bis 2,5 Liter/100 km, damit ließ sich im Verein mit der höheren Leistung der Nachteil des größeren Bauaufwands gegenüber den Zweitaktmotoren wieder wettmachen.

Im Jahre 1950 nahm sich *Das Motorrad* dann die beiden Traditionsmodelle Quick und 251 OSL vor. Jan Friedrich Drkosch, als Konstrukteur bei Adler beschäftigt, stellte am Beispiel NSU Quick deutlich den Unterschied zwischen Motorfahrrad und Motorrad in der 100-ccm-Klasse heraus und sprach von einfach gehaltenen Transportmitteln mit bewußt eingesetzten Drosselmotoren: „Im Bereich zwischen 30 und 55 km/h schwankte der Verbrauch lediglich zwischen 1,65 und 2 Liter/100 km! Mit anderen Worten: Die Fahrleistung wird hier einem engbegrenzten Drehzahlbereich von 4400 bis herunter auf 3000 und weniger U/min entnommen, und damit ist eine den stationären Motoren nicht unähnliche Leistungscharakteristik gegeben." Helmut Hütten beschäftigte sich mit der 251 OSL, deren Entwicklungsschritte er noch einmal aufzählte und von dem mittlerweile als sehr zerklüftet wirkenden Erscheinungsbild sprach: „Trotz alledem hat die OSL im In- und Ausland einen großen Freundeskreis – und das muß schon seine Berechtigung haben! Da ist zunächst einmal der temperamentvolle Motor, sauber durchkonstruiert und laufend verbessert bis ins Kleinste. Als seinerzeit der alte Graugußkopf durch den vollgekapselten Leichtmetallkopf ersetzt wurde, da unkten die Miesmacher allerhand von ausgeglühten Ventilfedern und dicken Ölkohlekrusten – die Praxis jedoch enthüllt jederzeit wunderbar saubere ‚Eingeweide'. Die Ventileinstellung geschieht von außen, mit einem einzigen Schlüssel, ohne Gefühl, nur nach Skala... Sie schwankte beträchtlich (gottlob nur im Verbrauch, es sei denn, man startete mit angeknalltem Lenkungsdämpfer!). Einmal kamen wir mit einer Maschine, die gut eingefahren war, solo auf 3,5 Liter/100 km – und zu leisen Zweifeln. Dann aber fuhren wir eine andere, mit Sozius und Gepäck, mit gleicher Einstellung und nur unwesentlich ‚zahmer', und der Tankinhalt reichte prächtig für 400 km Nonstop!" (Anm.: Elflitertank). Er schloß seinen Bericht: „Die 251 OSL verdient heute nicht mehr (wie bei annähernd gleicher Leistung vor 15 Jahren) das Prädikat der reinrassigen kleinen Sportmaschine – und das erstrebt sie ja auch nicht! Aber sie ist ein wirtschaftliches und zuverlässiges Gebrauchsrad mit sportlichem Einschlag, im allgemeinen konservativ und ohne jede Extravaganz, aber mit gesundem altem Stammbaum und von bester Tradition!"

Typische Hertweck-Prosa war im September 1951 in *Das Motorrad* über die gerade neu vorgestellte NSU Lux zu finden: „NSU-Lux – Du kannst ruhig Motorrad dazu sagen!" Unter dieser Titelzeile lobte der sonst so gestrenge Carl Hertweck die Fahreigenschaften der 200er in aller Ausführlichkeit: „Ich weiß schon, was ihr sagen wollt: Man ist es ja gewohnt, daß ein NSU-Erzeugnis im MOTORRAD gut wegkommt. Aber ich tu euch den Gefallen nicht! Stellt euch meinetwegen auf den Kopf, aber seit Walter William M. da unten in Neckarsulm vor reichlich zwanzig Jahren die Bude umkrempelte, hat es bei NSU keine so fortschrittliche, liebevoll gemachte Maschine mehr gegeben – bis zum heutigen Tage nicht!... Der Lux-Motor ist gar nicht so exorbitant stark, und wenn das Hirschlein selbst mit 170 kg Nutzlast – Fahrer plus Sozia (Anm.: C. H. war nicht gerade ein Wicht) – noch über 90 geht, dann bestimmt nur wegen des schmalen Lenkers, der den Fahrer zwingt, ‚versammelt' da oben zu sitzen... Die Lux schüttelt so wenig, daß man beileibe nicht Mineralwasser dazu sagen darf. Nicht mal Sekt ist da im Lenker oder in den Rasten – das ist höchstens Chablis!... Das sechsprozentige Gefälle von Pforzheim nach Niefern mit Geheul hinunter – 90 – 95 sieh mal, wie schön sie kann – 100 – na, willst du noch nicht kreischen – 105 – chchchuuiikrchz – auskuppeln – zweihundert Meter bis zum Fahrbahnwechsel – unter der Brücke könntest du versuchsweise mal wieder einkuppeln, hat doch ein bißchen laut gekreischt..."

Peter Peregrin erzählt

von seiner Versuchsfahrt mit der FOX NSU

Peter Peregrins Bericht von seinem Fox-Test, erschienen 1949 in Motorsport/Motorradwelt.

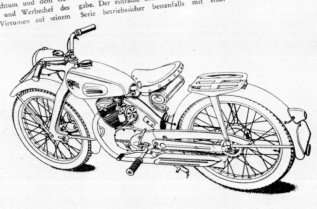

Peter Peregrin auf großer Fahrt.
Die Spurhaltung auf Schotterstraßen ist überzeugend.

(Ganz selten einmal ist eine Motorradkonstruktion in der breitesten Öffentlichkeit einem solchen Interesse begegnet wie die NSU-Fox, die sensationelle erste Neuschöpfung der deutschen Motorradindustrie nach dem Kriege. Dieses Interesse ist nicht allein der Erfolg einer in dieser Vielseitigkeit und in diesem Umfang bisher unbekannten Werbung, die dem Einfallsreichtum und dem Geschick von Arthur Westrup, dem Presse- und Werbechef des Neckarsulmer Werkes, das Zeugnis eines Virtuosen auf seinem Gebiet ausstellt — auch die beste Werbung würde verpuffen, wenn sie nicht eine ungewöhnliche Konstruktion in immer neuen Scheinwerferstellungen beleuchten würde. Es mußte schon eine Konstruktion sein, die mit technischen Delikatessen brillierte, an denen sich die fachliche Begeisterung immer wieder entzünden konnte. Und in der Tat, Albert Roder hatte mit der Fox in vieler Hinsicht technisches Neuland betreten: Der kopfgesteuerte Viertaktmotor mit diesem kleinen Hubvolumen, der Kreuzrahmen mit der offenen Triebwerksaufhängung, die Allradfederung und die pumpenlose Schmierung boten ausreichende Diskussionspunkte, die immer wieder durch erstaunlich offenherzige Mitteilungen des Werkes über die Ergebnisse der durchgeführten Dauererprobung neue Nahrung erhielten. Die ungewöhnlich lange Entwicklungszeit der Maschine trug dazu bei, daß Fachleute und Laien sich berufen fühlten, mehr oder weniger sachkundige, in jedem Fall aber voreilige Urteile abzugeben. Peter Peregrin folgte einer Einladung der NSU-Werke, eine der Fox-Versuchsmaschinen nach Abschluß der Dauerversuche vor dem Anlauf der eigentlichen Serie einer vielseitigen Erprobung zu unterziehen und sehr aufschlußreiche Messungen durchzuführen. Der nachstehende Bericht ist also kein Test in der üblichen Form — wir wollen grundsätzlich nur Serienmaschinen testen — sondern die auf der Grundlage genauer Versuche aufbauende Stellungnahme eines neutralen Ingenieurs zu den zahlreichen Problemen, die den Fachmann und den Fahrer an der NSU-Fox interessieren.   Die Redaktion)

Als die deutsche Motorradindustrie nach dem Zusammenbruch mit dem Neuaufbau begann, zog ihr der alliierte Industrieplan eine Zwangsjacke an, die im ersten Augenblick jede Bewegungsfreiheit zu nehmen schien.

In vorbildlich gründlicher Arbeit war in Deutschland vor dem Kriege neben den schweren Kardanmaschinen der Zweitakter zu höchster Vollkommenheit entwickelt worden und hatte die deutsche 125-ccm-Maschine in ihrer Klasse zum einsamen Spitzenreiter im Motorradbau der Welt werden lassen. Die Begrenzung auf 60 ccm stellte den Konstrukteur vor eine fast unlösbare Aufgabe. Der einfache Einkolben-Zweitakter von 60 ccm ist in der Serie betriebssicher bestenfalls mit einer Dauerleistung von

Die NSU-Fox leitet eine neue Entwicklung ein. Ihre besonderen Merkmale sind: Zentralpreßrahmen, teleskopähnliche Vorderrad-Federung, Schwingarm-Hinterradfederung, obengesteuerter 4-Takt-Motor mit 6 PS Leistung, Ventilmechanismus völlig eingekapselt, angeblocktes Dreiganggetriebe mit Fußschaltung.

Mit dem Max-Gespann im Winter. Der Seiten-wagen ist ein Steib 200.

Ja, das waren Carl Hertwecks rüde Testmethoden, in Teilen der Branche gefürchtet, beim Publikum aber als Test im eigentlichen Sinne gutgeheißen, insbesondere wenn sie Schwächen eines neuen Modells schonungslos darlegten. Bei der Max kam er im Frühjahr 1953 zu folgendem ersten Gesamturteil: „Straßenlage mäßig, insgesamt sehr guter Durchschnitt, motorisch aber einmalig, wenn man nur den Mut hat, sie drehen zu lassen, was sie wiederum und augenscheinlich nicht übelnimmt. Dabei objektiv, sparsam, vor allem im Solobetrieb (Anm.: C. H. hängte immer gern einen Seitenwagen an die Testmaschine, um den Motor noch mehr zu fordern), und ausgezeichnet leise. Viel leiser als gleich große Maschinen mit viel kleinerer Leistung. Bei genügend reichlicher Übersetzung ein wildes Geschütz, mit dem im Wettbewerb glatt 500er-Zeiten zu fahren sind – ein Motor, der allen 250er-Bauern schweres Kopfzerbrechen machen wird, weil er die Klassennorm so gewaltig weit hinaufgeschraubt hat." Robert Poensgen berichtete im Dezember

1953 in der **Auto-Post** erstmals über die Max: „Wir haben die Max stundenlang bergauf und bergab mit Vollgas erbarmungslos gejagt, daß der Tachometer stets zwischen 115 und 120 km/std. spielte (und der Tacho der Max geht verflixt genau), beim Halten an der Tankstelle aber lief der Motor im Leerlauf so ruhig, als habe man ihn soeben erst angetreten."

Zwei Jahre später schilderte er seine Erfahrungen mit der „neuen" Max mit Vollnabenbremsen, die er als Gespann eine Saison lang in Geländewettbewerben bewegt hatte. Mit drei Klassensiegen und sechs Goldmedaillen waren die Einsätze recht erfolgreich verlaufen. Wiederum zeigten sich Motor und Fahrgestell der Max allen Torturen großartig gewachsen, es konnte ein Rückgang im Ölverbrauch festgestellt werden. Und die neuen Bremsen brachten zusätzliche Pluspunkte, da sie nun wesentlich standfester geworden und auch nicht mehr empfindlich in der Belagauswahl waren. Poensgen sprach von der „strammen Max".

*Weltmeister Werner Haas im Sattel
einer neuen NSU Superfox.*

Im Dezember 1955 beschäftigte sich Paul Simsa in **Das Motorrad** recht ausführlich mit der neuen Superfox: „Die Superfox gehört zu den Maschinen, die ihren Fahrer rein vom Geräusch her und vom Motorverhalten zu sauberer Fahrtechnik erziehen – man merkt es gar nicht. Die Schalterei geht ganz butterweich, und außerdem hält man ganz unwillkürlich die Nähmaschine da unten stets gut im Rattern. Für eingefleischte Zweitaktfahrer wie mich eine ganz neue Sache. Natürlich will der Motor auf Touren gehalten werden, aber das tut man ganz von selbst – und man merkt's nicht am Verbrauch (2,7 l Normalverbrauch, wie im Prospekt)."
Ab 1956 beschäftigte sich dann „Klacks" Ernst Leverkus für **Das Motorrad** mit den NSU-Erzeugnissen. Sein Max-Test in Heft 1/1956 enthält einige wichtige Ratschläge aus der langen Max-Praxis, so zum Beispiel rät er drin-

gend zu dünnflüssigem Motorenöl, SAE 20 im Sommer und SAE 10 im Winter. Der Ölwechsel sollte alle 2000 km stattfinden, alle 4000 km sollten die Schlammhülsen im Kurbeltrieb gereinigt werden. „Veränderungen am Innenleben des Auspufftopfes bringen nur mehr Krach und weniger Motorleistung."
1957 kamen die Neuheiten Supermax und Maxi dran. Die 175-ccm-NSU ließ er gleich an den Nürburgring liefern und jagte die fabrikneue Maschine 700 km um die Nordschleife; 88,2 km/h Rundenschnitt waren für ein 12,5-PS-Motorrad ein erstaunlicher Wert. Nicht ganz gefallen konnte dagegen der nicht verstellbare Lenker aus Profilblech, der zwar einen aufgeräumten Arbeitsplatz ermöglichte, zugleich aber auch die Sitzhaltung vorschrieb. Klacks' Resümee: „Das Schöne an dieser Neckarsulmer Kleinausgabe der Max oder Großausgabe der Superfox – wie man will – war insbesondere aber wieder einmal, daß es da keine sensationellen Extras gab, die ja doch meistens mit neuem Gammelkram statt mit brauchbarem Fortschritt verbunden sind, daß man nicht mit unangenehmen Überraschungen zu rechnen brauchte und vom Rahmen bis zu den Bremsen das Ganze einen so grundsoliden Eindruck hinterließ."
Eine letzte Auffrischung des Wissenstands der Leser erfolgte im Mai 1958 mit einem neuerlichen Test der Supermax. Erneut war vom sportlichen Motorcharakter und dem sicheren Fahrwerk die Rede, dieses war ja durch die Umstellung der Hinterradschwinge auf Federbeine verbessert worden. Immer noch blieben die Leistungsdaten der Max unerreicht. Ein Jahr später endete die Produktion in Neckarsulm, und so war die neunteilige Artikelserie von Klacks „Wir arbeiten an Motoren: NSU-Supermax" genau zum richtigen Zeitpunkt gekommen. Die immer kleiner werdende Motorradgemeinde mußte nun enger zusammenstehen und sich gegenseitig, so gut es ging, weiterhelfen ...

Das MOTORRAD testet

NSU Max

Frisch und fröhlich: Max-Test im MOTOR-RAD, August 1953, geschrieben von Carl Hertweck, damals Chefredakteur des Blattes.

Lang hat es gedauert, denn wenn ich genau nachdenke, dann war es im Herbst 1949, als man bei NSU eine Hoffnung begrub: Die Maschine, die einmal „Konsul" hätte heißen sollen, eine 350er Twin, Längsläufer wie die Sunbeam, Wellenantrieb, mit der sagenhaften Literleistung von 70 PS (die sogar einmal herausgebremst worden war), mußte aufgegeben werden — es war einfach nicht abzusehen, was da noch hätte hineingesteckt werden müssen. Es war schon ein Dampfer, und die Entwicklung vorderhand auf zugunsten von Zielen, deren wirtschaftliche Verwirklichung näher lag, zunächst die Lambretta und die Lux. Wir saßen damals zusammen, Don Arturo, jfd und meine Wenigkeit, und simpelten fach. Werkstandpunkt: Zweitakter muß man bauen, und wenn man zehnmal eine Viertakterfabrik ist, die sind einfach, idiotensicher, billig, da gibt's keine Rückschläge. Unser Standpunkt: Nur Viertakter, da kommt Leistung raus, viel Leistung, ohne viel Schnapsgesaufe. Viertaktkolben stehen, vollgassicher, die Schmierung ist einfach und sicher, und außerdem braucht Ihr Leistung nicht in 250er 15 PS hineinpacken, weil das eine natürliche fahrtechnische Grenze ist!

Dann kam erst mal im Sommer 1951 die Lux — drei Millionen kostet so etwas, bevor das erste Stück vom Band rollt. Na ja, wozu viel Worte verlieren, wir wußten, daß man Zweitakter verkaufen kann und daß die Entwicklung an einer 250er Viertakter lief. Wir wußten auch, daß man sich nicht mit den bis dato landesüblichen 12 PS begnügen würde. Wir traten nach wie vor für 15 PS aus 250 ccm ein, erstens, weil das durchaus dem Stand der Technik entspricht und keineswegs weltumstürzend wäre, zweitens deswegen, weil wir der Ansicht sind, daß das gerade die richtige Solo-Maschinenleistung sei. Weniger Leistung fällt ins Gewicht — kostet merklich Minuten, man wäre sehr oft in der Lage, mehr PS anzubringen, wenn man sie nur drin hätte. Mehr fällt — nach unserer damaligen Ansicht — nicht ins Gewicht, die Gelegenheiten, mehr als 15 PS auf den Boden zu bringen, sind selten und so kurz, daß nur Sekunden zu gewinnen sind. (Abgesehen von der Autobahn, wo auch ein Simpel nur auf Krawall zu stellen braucht, der sich anderwärts schon überm ersten kurzen Sandfleck das dumme Genick brechen würde.)

Zwei Jahre lang erzählte man uns etwas von 15—16 PS und von OHC und dann kam die Max heraus. Zuerst mit reichlich 15 PS und seit der ersten Vorstellung im September vorigen Jahres sind daraus 18 PS geworden. Noch ein bischen mehr, als die meisten Leute auf den Boden zu bringen imstande sind — ich bringe nicht immer so viel auf den Boden und habe ich vor einer einer 500er offengestanden eine Mischung von Angst und schlechtem Gewissen. Schlechtes Ingenieurgewissen: Ein Angeber kauft zu seiner eigenen Befriedigung eine Maschine, die er nur zur Hälfte ausnützt. Nur um die Maschine wenigstens in etwa auszunützen, dreht man sie weiter auf, als man eigentlich verantworten kann, und dann hat man die permanente Angst an. Man weiß genau, daß man einen Bremsweg hat, der einer Düsenjäger-Landebahn verzweifelt ähnlich sieht, und man lauert krampfhaft, was nun hinter der blinden Ecke los sein wird, hinter der besagter Bremsweg im Unsichtbaren sich ver-

schlängelt. (Wenn Ihr besser fahren könnt — meinetwegen, soll mir recht sein, für mich hört eben solo jenseits 100 der Spaß auf. Wenn Ihr aber nach der dritten Fahrstunde fertig seid, fang ich erst an, sachte „Prost" zu sagen!)

Diese vielen Worte sind notwendig, denn die Max scheint mir motorisch das Endglied der wirtschaftlichen Solomaschinen-Entwicklung zu sein. Es ist das, was man bei heutigem Verkehr solo ausnützen kann — weniger fiele ins Gewicht, mehr bringt nur Unbedeutendes.

Noch ein Geständnis: Unsere Test-Max lief bei uns nur vier Wochen. So wird brauche ich sonst, eine untunlich mich überhaupt erst mal an eine Maschine zu gewöhnen, bevor ich sie wirklich herannehmen kann. Da sie aber motorisch sofort herangenommen werden mußte, lief sie die meiste Zeit als Gespann. Immer mit vollem Zunder, um zu sehen, was der Motor macht. Zwischendrin wurde sie ab und zu solo herangenommen — erstens um zu sehen, ob sie straßenlagemäßig so viel kann wie die Lux (sie kann!) und zweitens, um zu sehen, was das Fahrwerk zu der Seitenwagenknüppelei sagt. (Es sagt nichts!).

Erste Beobachtung: Das Max-Gespann ergibt minutengenau die gleichen Langreise-Schnitte wie die Regina-Normal! Drei Stunden von der Redaktions-Haustüre in Stuttgart bis zur Zündapp-Haustüre in Nürnberg, einschließlich einmal tanken, zweimal appelboomen, einmal Straßenfrostbeulen knipsen und einmal einen Nürnberger Obusfahrer ganz ausführlich ansch......, der mich in Stein kaltblütig an der Straße in den Sand hinunterdrängte. Diese hundertachtzig Minuten hatten wir bisher nur mit der Regina geschafft, dabei mußte man sich noch hübsch dranhalten, noch billiger geht's nur mit der 600er. Un-

terschied zum Regina-Gespann: man hat statt des mittleren Steib den kleinen Steib dran, nicht so gemütlich für die Sozia, und man muß beträchtlich mehr in den Gängen rühren, sehr beträchtlich mehr, die Jagerei wird zur Intelligenzleistung, man klebt am Tacho und läßt den Motor jaulen, noch zwanzig Sekunden, nochmal zehn, nochmal fünf — schiet wat, schalt schon rauf — siehste, fällt schon wieder auf 70 runter — na, zähl bis fünf, vielleicht erholt sie sich — nee, doch nicht — also nochmal runterschalten, nochmal jubeln — und als Endergebnis ist dann doch eine Fahrzeit von drei Stunden beisammen, so man bislang mit 250er Gespannen vier Stunden brauchte. Ist das der Rede nun wert oder nicht?

Die Untersuchung der Leistungskurve bringt des Rätsels Lösung, warum 18 PS aus 250 ccm also nicht ganz dasselbe sind wie 18 PS aus 350 ccm. In Bild 1 ist die gestrichelte Kurve eine handelsübliche Blechlieschen-Leistung, die 1951 für sehr gut, 1952 noch für recht ordentlich galt. Im 10 PS-Bereich, der solo knappen 70 und im Gespann reichlichen 60 entspricht, in dem dem heraus sie auch Gas aufziehen und zum Überholen ansetzen, ist die Max gar nicht so grauslig viel besser als das Lieschen, die Max-Kurve verläuft über einen weiten Bereich fast parallel dem Lieschen, während die Regina ein Gasaufziehen auf der Stelle mit einem vollen Drittel Mehrleistung beantwortet — das zieht natürlich ganz anders den Sattel weg. Man muß sich also mit der Max beim Beschleunigen in Geduld fassen, sie muß erst mal auf 85 kommen, dann fängt sie an zu ziehen, und während das Lieschen bei 90 die Puste verliert und einfach nicht mehr will, ist die Max im besten Alter und fängt erst richtig das Rennen an, um bis 100 hinauf steif

Technische Daten NSU-Motorräder 1947–59

Typ	Quick	125 ZDB	251 OSL
Motor	Zweitakt	Zweitakt	Viertakt
Steuerung	Nasenkolben	Flachkolben	ohv
Hubraum	98 ccm	123 ccm	242 ccm
Bohrung x Hub	49 x 52 mm	52 x 58 mm	64 x 75 mm
Leistung	3 PS/4400 min^{-1}	5 PS/4600 min^{-1}	10,5 PS/5000 min^{-1}
Vergaser	Bing 14 mm	Bing 16 mm	Bing 22 mm
Getriebe	2-Gang	3-Gang	4-Gang
Rahmen	Rohr		
Radaufhängungen	Trapezgabel vorn, starr hinten		
Bereifung	26 x 2,25	2,50 x 19	3,25 x 19
Gewicht	63 kg	85 kg	135 kg
Höchstgeschw.	60 km/h	75 km/h	100 km/h
Stückzahl	118 522	25 781	32 465
Bauzeit	1945–53	1947–51	1947–52

Typ	Fox	Fox 125	Lux	Max
Motor	Viertakt	Zweitakt	Zweitakt	Viertakt
Steuerung	ohv	Flachkolben	Flachkolben	ohc
Hubraum	98 ccm	123 ccm	198 ccm	247 ccm
Bohrung x Hub	50 x 50 mm	52 x 58 mm	62 x 66 mm	66 x 69 mm
Leistung	6 PS/5000 min^{-1}	5 PS/5000 min^{-1}	8,6 PS/5250 min^{-1}	17 PS/6500 min^{-1}
Vergaser	Bing 14 mm	Bing 16 mm	Bing 22 mm	Bing 26 mm
Getriebe	3-Gang (ab 1950 4-Gang)	4-Gang		
Rahmen	Preßstahl-Rückgrat			
Radaufhängungen	Kurzhebelschwinge vorn, Schwinge mit Zentralfeder hinten			
Bereifung	2,50 x 19		3,00 x 19	3,25 x 19
Gewicht	78 kg	84 kg	135 kg	155 kg
Höchstgeschw.	85 km/h	75 km/h	95 km/h	123 km/h
Stückzahl	59 126	29 590	65 850	84 403
Bauzeit	1949–54	1951–54	1951–54	1952–56

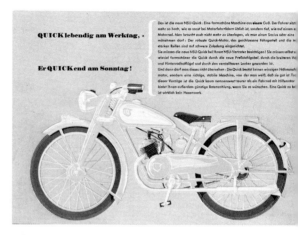

QUICK lebendig am Werktag,

ErQUICKend am Sonntag!

Rechts: Heiner Fleischmann beim Rennen rund um Schotten 1937 auf NSU.

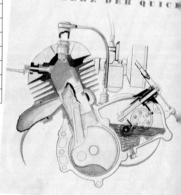

DAS HERZ DER QUIC

Die Prospekt-Abbildungen stammen von 1951. In der beschriebenen Form wurde die NSU Quick bis 1953 gebaut. Damals das wohl meistgebaute Motorfahrrad Deutschlands.

92

Typ	Konsul I	Konsul II	Superfox	Superlux	Supermax	Maxi
Motor	Viertakt		Viertakt	Zweitakt	Viertakt	
Steuerung	ohv		ohc	Flachkolben	ohc	
Hubraum	346 ccm	494 ccm	123 ccm	198 ccm	247 ccm	174 ccm
Bohrung x Hub	75 x 79 mm	80 x 99 mm	52 x 58 mm	62 x 66 mm	66 x 69 mm	62 x 58 mm
Leistung	17,5 PS/5500 min^{-1}	21 PS/5200 min^{-1}	8,8 PS/6500 min^{-1}	11 PS/5200 min^{-1}	18 PS/7000 min^{-1}	12,5 PS/6500 min^{-1}
Vergaser	Bing 26 mm	Bing 27 mm	Bing 20 mm	Bing 24 mm	Bing 26 mm	Bing 22 mm
Getriebe	4-Gang		4-Gang			
Rahmen	Rohr		Preßstahl-Rückgrat			
Radaufhängungen	Telegabel vorn, Geradwegfederung hinten		Kurzhebelschwinge vorn, Schwinge mit Zentralfeder hinten		Schwinge mit Federbeinen hinten	
Bereifung	3,50 x 19		2,75 x 19	3,00 x 19	3,25 x 19	3,25 x 18
Gewicht	190 kg	195 kg	132 kg	152 kg	174 kg	137 kg
Höchstgeschw.	112 km/h	123 km/h	95 km/h	102 km/h	126 km/h	110 km/h
Stückzahl	8247	5966	15 530	15 995	15 473	31 471
Bauzeit	1951–53	1951–54	1955–57	1955–56	1956–59	1956–59

Club-Adressen

Veteranen-Fahrzeug-Verband (VFV)
Hohenbrunner Str. 49,
8012 Ottobrunn-Riemerling

NSU-Interessengemeinschaft
Godesberger Str. 57,
5300 Bonn 2

NSU-Max-Club Braunschweig
A. Mehlhorn, Görgesstr. 23,
3300 Braunschweig

NSU-Interessengemeinschaft Köln
C. Kasparow-Scheller, Finkenstraße 33,
4230 Wesel-Flüren

NSU-Freunde Unterland
H. Rieker, Holderstraße 44,
7101 Eberstadt

NSU Team Möhnsen
Kampsweg 10, 2053 Möhnsen

NSU Club Nederland
G. van der Mik, Brederodestraat 25,
NL-2400 XS Alphen

NSU Club Danmark
Leo Madsen, Bynkevej 25,
DK-9000 Aalborg

NSU Owners' Club G.B.
58 Tadorne Rd., Tadworth,
Surrey KT20 5 TF

Marlies Behrens war 1958 Miß Germany. Hier posiert sie mit einer NSU Maxi in Long Beach, Kalifornien.

NSU-Renngeschichte 1904–1956 von Dieter Herz und Karl Reese. Über die rennsportlichen NSU-Aktivitäten wird hier packend und erstmalig detailliert berichtet. Eine technisch und sportlich einmalig fundierte Darstellung der großen Jahre einer deutschen Motorradmarke mit einer Fülle seltener Bilder. 450 Seiten, ca. 400 Fotos.

NSU Max richtig angefaßt – Reprint aus 1959 von Ernst Leverkus. Dies ist der Nachdruck eines der ersten und erfolgreichsten Bücher des Motorbuch-Verlages. Eine wichtige Reparaturhilfe. 100 S., zahlr. Abb.

Motorräder – Berühmte Konstruktionen, Band 1. Ein Artikel über die Marke NSU. 13 S., 25 Fotos und Zeichnungen. Insges. 198 Seiten, 309 SW-Abb.

NSU Max 1952–1962 – Alle Ausführungen von Stephan Thum. Eine kleine Typologie, die kein Reparaturhandbuch ist. Unentbehrlich für die originalgetreue Restaurierung mit wichtigen Abmessungen und Modelländerungen. A5, 40 S.

NSU Lux von Stephan Thum. Eine kleine Typologie, die kein Reparaturhandbuch ist. Unentbehrlich für die originalgetreue Restaurierung mit wichtigen Abmessungen und Modelländerungen. A5, 38 S.

NSU Lux und Superlux. Nachdruck der Instandsetzungsanweisung für NSU-Vertreter. Technische Angaben, Spezialwerkzeugliste, Arbeitszeiten. Ausgabe September 1955. 20 Seiten, A4, WK 047.

NSU Fox 2-Takt, 125 ccm. Nachdruck der Ersatzteilliste. Über 60 Seiten, A4, WK 071.

NSU Fox 2-Takt. Nachdruck der Betriebsanleitung. A6, WK 156.

NSU Fox 4-Takt. Nachdruck der Original-Betriebsanleitung. A6, WK 214.

NSU Fox 4-Takt. Nachdruck der Original-Ersatzteilliste. A5, WK 213.

NSU Max. Nachdruck der Bedienungsanleitung. A6, WK 154.

NSU Max. Nachdruck der Original-Ersatzteilliste. A4, WK 206.

NSU Max. Nachdruck der Montageanleitung und Testbericht. A4, WK 046.

NSU Max Standard/Spezial und Supermax. Nachdruck Ersatzteilliste. A4, über 140 S., WK 668.

NSU Maxi. Nachdruck Instandsetzungsanweisungen für NSU-Vertreter. Technische Angaben, Spezialwerkzeugliste, Arbeitszeiten. 50 Seiten, A4, WK 044.

NSU Maxi 175 ccm. Nachdruck der Betriebsanleitung. A6, WK 052.

NSU Maxi 175 ccm. Nachtrag zur Ersatzteilliste. A4, WK 043.

NSU Superfox 125 ccm. Nachdruck der Ersatzteilliste. A4, WK 040.

NSU Superfox 125 ccm. Nachdruck der Betriebsanleitung für die 4-Takt-Maschinen. A6, WK 524.

NSU Superfox. Nachdruck der Original-Montageanleitung. Ca. 42 Seiten, A4, WK 358.

NSU Superlux. Nachdruck der Betriebsanleitung. A6, WK 155.

NSU Supermax. Nachdruck der Betriebsanleitung. A6, WK 662.